PATRICK ULMER   MORITZ WEEGER

TEE

Wie man aus Wasser Freude macht.

PATRICK ULMER   MORITZ WEEGER

TEE

Wie man aus Wasser Freude macht.

FOTOS VON
ROGGE & JANKOVIC FOTOGRAFEN

KOSMOS

Ich mag keinen Urlaub und TEE ist langweilig!

FÜR MICH EINEN TEE BITTE! GEHTS DIR NICHT GUT?

ES GIBT KEINE
LÖSUNG,
ABER TEE.

DAS LEBEN IST DOOF

H one teE

WENN ES MIT TEE NICHT ZU LÖSEN IST, DANN IST ES ETWAS ERNSTES

TEE
Wie man aus Wasser Freude macht.

ABENTEUER TEETASSE

Tee war früher, heute ist Tee!

SPRICHT MAN HIERZULANDE ÜBER TEE, DENKEN VIELE AN TEEBEUTEL UND DEN LETZTEN SCHNUPFEN. ZU KURZ GEDACHT! TEE IST IN VIELEN LÄNDERN DAS GETRÄNK NUMMER EINS UND ALLES ANDERE ALS LANGWEILIG.

DU, HAST DU AUCH TEE?!

Wir kennen Tee aus unseren Kindertagen. Wir haben ihn aus gelben Plastiktassen im Kindergarten geschlürft oder bei der Oma, wenn der Kakao alle war. Wenn wir krank waren, wurden uns Kamillen- und Pfefferminztee ans Bett gebracht. Schlückchen für Schlückchen sollten wir trinken, denn: „Dann geht es Dir bald wieder besser, Schatz. Ganz bestimmt."

Ja, Tee war so langweilig, dass alle aus Verzweiflung angefangen haben, Kaffee zu trinken. Aber jetzt kommt der Tee zurück! Denn richtig guter Tee ist besser als alle Lattes, Espressi und Cappuccini dieser Welt – und sieht auch noch schöner aus.

TEE? NEBEN DEN KONSERVENDOSEN

Tee gibt es in jedem Supermarkt. Wenn wir in die Regale linsen, finden wir neben Kamille und Pfefferminz auch so manche verheißungsvolle Teemischung. Wir haben nachgeforscht: Wer Tee trinkt, greift mit höchster Wahrscheinlichkeit zum Teebeutel. Das ist ja ein klitzekleiner Anfang, denn es gibt wirklich allmählich allerlei Säckchen mit Geschmack. Für ein „Juhu" reicht es deshalb aber noch nicht. Denn immer nur Beuteltee ist wie jeden Tag Cervelat-Wurst auf Buttertoast.

MÖCHTEST DU NEN TEE?

Wir möchten, dass Du richtigen Tee trinkst. Losen Tee. Deine eigene Teemischung aus Kräutern, Früchten und Gewürzen. Überwinde Deine Kindheit und den ollen Teegeschmack. Sei Kind genug auszuprobieren, was Dir schmeckt. Trinke Tee heiß, kalt, als Shot oder Cocktail. Hol Dir mehr Farbe und Spaß in Dein Leben und lass Dir nichts erzählen. Tee ist alles, nur nicht langweilig!

Also los! Holen wir den Tee aus seiner angestaubten Ecke und gießen ihn auf. Lass uns ausprobieren, kombinieren und neugierig sein. Lass uns gemeinsam Spaß haben und einfach mal Tee trinken.

LASS UNS FREUNDE SEIN
Auf die Freude am Geschmack!

FÜNF TEEBURSCHEN HABEN SICH DEM GUTEN GESCHMACK VERSCHRIEBEN. SIE GRÜNDETEN DEN ONLINE-TEELADEN 5CUPS.DE UND WOLLEN DICH INSPIRIEREN, TEE UND DEINEN EIGENEN GESCHMACK ZU ENTDECKEN.

MORITZ WEEGER

Weltenbummler und Teenase. Moritz kennt die Teeherstellung auf den Plantagen in den Ursprungsländern und kann die verschiedensten Qualitäten von Teeblättern, Kräutern, Blüten und Gewürzen sehr gut beurteilen. Ihn fasziniert das Mischen von Zutaten, die man eigentlich nicht zusammenbringen würde. Dabei hat er entdeckt, dass Kamille mit schwarzem Tee ein hölzernes Aroma entwickelt.

PATRICK ULMER

Patrick probiert alles aus, was ihm in den Kopf kommt. Er hat herausgefunden, dass man Tee ganz wunderbar mit einer Espressomaschine brühen kann und dabei den Tea Shot entdeckt. Die Kombination von Altem und Neuem treibt ihn an. Für ihn hat der Teegenuss von heute mit den alten, tradierten Mustern rein gar nichts zu tun. Es gilt, den Geschmack und den Spaß daran zu entdecken.

INGO SCHRÖDER

Ingo hat schon viele Teeverkostungen durch-geführt. Seitdem weiß er, dass guter Tee und guter Geschmack ihren Preis haben. Sich das zu leisten lohnt sich, findet er. Er mag die einfachen Dinge und hat einen klassischen oder, wie er sagt, bodenständigen Geschmack. Er findet Ideen toll, die mit wenig Aufwand umsetzbar sind. Zum Beispiel ein Teeregal aus alten Obst-kisten. Sieht schick aus und ist im Handum-drehen gemacht.

ANDRÉ KRAMP

Teemischungen aller Art findet André spannend. Besonders Kräuter haben es ihm angetan. Seine Spezialität ist die Kombination von Alkohol und Teemischungen. Wenn Tee zum Beispiel in Gin zieht, entwickelt er so unterschiedliche Bouquets, dass André ins Schwärmen kommt. Er kam auf die Idee, Longdrinks mit Tee statt Limonade zu mixen, was auf Partys für ziemlich aufregende Gespräche über Geschmack sorgt.

EIKE PAZULLA

Für Eike trinkt das Auge mit. Warum einen einfachen Tee nicht mal aus einem schönen alten geriffelten Weckglas trinken? Eistee am besten kräftig vorbrühen und dann in einem alten Weinballon auf dem Tisch servieren. So kann sich jeder selbst seinen Tee über ein Glas mit Eiswürfeln abzapfen. Aber zuerst muss natürlich die Qualität stimmen. So macht man Gäste rundum glücklich.

SCHLAU MIT TEE

Der Schnupperkurs

DU MUSST NICHT VIEL AHNUNG VON TEE HABEN. WAS DU BRAUCHST, IST GESCHMACK. AUF DEN NÄCHSTEN SEITEN ERFÄHRST DU VIEL: ÜBER DEINEN GESCHMACK, ÜBER TEE UND DIE FEINEN UNTERSCHIEDE.

TEE IST TEE
und nicht gleich Tee

IN DEUTSCHLAND WIRD GEMEINHIN ALLES ALS „TEE" BEZEICHNET, WAS SICH HEISS AUFGIESSEN LÄSST, EGAL OB KAMILLE, HAGEBUTTE ODER SCHWARZER TEE. DOCH TEE IM ECHTEN SINNE SIND NUR DIE BLÄTTER DER TEEPFLANZE.

Die Teepflanze hört auf den wunderschön klingenden lateinischen Namen *Camellia sinensis*. Nur ihre Blätter sind echter Tee. Das Deutsche Lebensmittelbuch bezeichnet alles, was nicht von der Teepflanze stammt, als „teeähnliches Erzeugnis". In der Praxis macht das niemand. Vielleicht weil es so sperrig klingt? Hierzulande ist einfach alles Tee. Der grüne Tee, die Kräutermischung genauso wie der Früchtemix. Das ist nur eine kleine Ungenauigkeit, die wir deshalb schön finden, weil sie so untypisch deutsch ist.

In den meisten anderen Ländern ist das übrigens anders. Dort ist nur der echte Tee auch Tee und wird als „Chai" oder „Thé" oder „Tea" bezeichnet. Alles andere ist eine „Tisane", eine „Herbal Infusion" oder auch nur „Infusión", was so viel wie Aufguss bedeutet.

SO WAR DAS ...

Die Legende besagt, dass dem chinesischen Kaiser Shen Nung vor ca. 5.000 Jahren beim morgendlichen Genuss seines erhitzten Wassers einige (echte) Teeblätter in seine Schale geweht sind. Dann hat er sein „Wasser" getrunken und war voll aus dem Häuschen. Darüber können wir heute sehr froh sein, denn zur damaligen Zeit waren Kaiser echte Trendsetter und schnell breitete sich die Kunde vom „Cha" aus. Während in China der Tee seinen Siegeszug als trendiges Heißgetränk antrat, war man im Rest der Welt noch weit davon entfernt, den wohltuenden und belebenden Tee überhaupt zu kennen.

DAS LEBEN IST DOOF, OHNE TEE.

ABER DER REST IST DOCH AUCH TEE?!

Nein, nur grüner, schwarzer Tee und weißer Tee sowie Oolong und Pu-Erh sind richtig echter Tee, da sie alle aus der wunderbaren *Camellia sinensis* und ihren Pflanzenvarietäten gewonnen werden. Aber! Es gibt so einige Sträucher, Pflanzen, Wurzeln und Blüten, die sich über die Jahrhunderte in der ganzen Welt einen guten Ruf erarbeitet haben, nachdem sie im Aufguss entdeckt wurden. Die Auswahl ist riesig. Viele eignen sich ganz besonders gut als Basis für Teemischungen und machen sogar als Einzeltees eine wirklich gute Figur.

Daher haben sie auch in ihren Ursprungsländern bereits groß Karriere gemacht, bevor sie es irgendwann in unsere heimischen Teetassen geschafft haben. Gute Beispiele sind die koffeinhaltigen Blätter des südamerikanischen Mate oder der koffeinfreie Rooibos, ein südafrikanisches Nationalgetränk.

DU BIST DER BOSS

Auf den nächsten Seiten des ersten Kapitels kannst Du Dich schlau lesen. Oder Du springst direkt in das zweite Kapitel und beginnst gleich mit den Rezepten. Hauptsache, los!

GETRÄNK VON WELT MIT WIRKUNG

Die belebende Wirkung des Tees schätzte man wohl auch schon damals. Heute weiß man, dass er Koffein enthält. Wenn Du schon einmal an einem kalten, verregneten Tag nach Hause gekommen bist und Dir dann eine Tasse heißen grünen oder schwarzen Tee gegönnt hast, kennst Du die wohltuende Wirkung sicher aus eigener Erfahrung.

Darüber hinaus sagt man Tee eine Wirksamkeit gegen Herz-Kreislauf-Erkrankungen, Erkrankungen des Nervensystems und sogar gegen Krebs nach. Was davon allerdings wissenschaftlich belegt ist, muss an anderer Stelle erörtert werden. Fakt ist: Tee ist nicht von schlechten Eltern und nicht umsonst das am meisten konsumierte Getränk der Welt – nach Wasser.

Übrigens behielten die Chinesen ihr geheimnisvolles Nationalgetränk lange Zeit für sich. Erst vor einigen hundert Jahren ist Tee im Zuge der Kolonialisierung anderenorts bekannt und beliebt geworden. Vor allem durch die Briten. Well, well then. God bless the Queen …

PUR ODER GEMISCHT
Einzeltees und Teemischungen

EINZELTEESORTEN BIETEN FEINE GESCHMACKSUNTERSCHIEDE FÜR SPITZE LIPPEN. TEEMISCHUNGEN SIND KOMBINATIONEN AUS MEHREREN TEEZUTATEN UND HABEN EIN SEHR BREITES GESCHMACKSSPEKTRUM. ZWEI VÖLLIG VER-SCHIEDENE ANSÄTZE.

EINZELTEES

Als Einzeltees bezeichnet man sortenreine Tees. Sei es der ganz besondere Schwarztee aus Nordindien, japanischer Grüntee oder die Kamillenblüten aus Mecklenburg – Einzeltees bestehen aus nur einer Teezutat. Dabei macht es erst einmal keinen Unterschied, ob die Teeblätter von der Teepflanze stammen oder vom Pfefferminzstrauch aus dem heimischen Garten. Liebhaber sortenreiner Tees können feine Nuancen oder auch den besonderen Charakter einer neuen Ernte herausschmecken. Mit den Jahren und einer gewissen Erfahrung ist es sogar möglich, Feinheiten wie die Anbauregion, den Erntezeitpunkt oder das Herstellungsverfahren unterscheiden zu können. Es kann schon großen Spaß machen, sich immer tiefer in die Materie einzugraben. Als Einstieg ist das nichts. Man beginnt ja auch nicht mit der Besteigung des Mount Everest, wenn man sich für Bergsport interessiert.

Ein Einzeltee ist erst einmal ein Einzeltee und steht für sich. Das soll er auch. Deutlicher erfahrbar werden Geschmackspotenziale durch Teemischungen, in denen jeder Einzeltee sein Bestes gibt. Für das Mischen ist es ideal, wenn man den Geschmack der Einzeltees kennt. Dadurch kann man erahnen, was zusammenpasst und was nicht. So macht das Teemischen und -trinken doppelt Spaß!

TEEMISCHUNGEN

Erlaubt ist, was Spaß macht! Es gibt nahezu grenzenlose Möglichkeiten, aromatische Kräuter und Gewürze mit duftenden, farbenfrohen Blüten und auch mit echten Tees zu mischen. Teemischungen schaffen Raum für Deine Kreativität und vielfältigen Geschmack. Dafür nutzen sie das Aroma jeder einzelnen Zutat, um etwas Neues entstehen zu lassen. Viele Zutaten zeigen erst im Zusammenspiel mit anderen ihre wahre Größe.

Schon vor über 1.000 Jahren in China war Grüntee allein manchmal nicht genug: Mit Jasminblüten verfeinert, entwickelt er ein liebliches, zart-blumiges Aroma, das den Chinesen offenbar gefiel. Auch Rosenblüten im schwarzen Tee oder Mischungen aus verschiedensten Gartenkräutern können faszinierend schmecken.

Wenn Du selbst mischen möchtest, beginne am besten mit Teezutaten, die Du kennst und die Dir schmecken. Experimentiere mit den Mischungsverhältnissen. Selbst wenige Zutaten bilden eine enorme Geschmacksbandbreite, in der Du vielleicht Deinen neuen Lieblingstee entdeckst. Hast Du schon mal Kamillenblüten mit Früchtetee gemischt? Oder schwarzen Tee mit Pfefferminze? Solltest Du! Und es sagt ja auch niemand, dass da schon Schluss sein muss. Säfte, Sirupe, frische Zutaten und verschiedenste Zuckervarianten eignen sich ganz hervorragend, um noch mehr Aroma in Deine Tasse zu zaubern. Mit Teemischungen ist Langeweile ausgeschlossen.

SCHWARZTEEMISCHUNGEN

Schwarzteemischungen pflegen eine lange Tradition und sind eine Art Zwitter. Verschiedene Schwarzteesorten, wie Assam, Ceylon oder Darjeeling werden in unterschiedlichen Verhältnissen gemischt und bringen ihre geschmacklichen Besonderheiten in die Mischung ein. Am Ende heißt sie dann meistens schnöde

„schwarzer Tee". Schöner klingen manche berühmte Vertreter dieser Klasse. Da wäre der „Earl Grey", ein mit kräftig duftendem Bergamotte-Öl versetzter Schwarztee. Oder der Ostfriesentee, der aus ca. 10 verschiedenen schwarzen Tees besteht und mit „Kluntje" und „Wölkchen" getrunken wird, was nichts anderes als Kandis und Sahne auf Ostfriesisch bedeutet. Beliebt sind auch kräftige Ceylon- und Assam-Mischungen, die als „English Breakfast Tea" oder als „Afternoon Tea" ihren Weg in die Tasse finden. Auch hier runden Zucker, Milch oder Sahne den Tee geschmacklich ab. Mit einer bunten Teemischung hat das alles aber nichts zu tun.

5 CUPS-TIPP

MORITZ: Auch Du kannst Schwarztee mit Schwarztee mischen und folgst damit einer langen Tradition. Besonders geeignet dafür sind Assam-, Darjeeling- und Ceylon-Tees. Wenn Du neugierig bist, wie die verschiedenen Schwarztees miteinander harmonieren, schaue doch mal in Dein Teeregal und mische Dir Deine eigene Schwarztee-Frühstücks- mischung. Das macht Laune!

TEEQUALITÄTEN
Mit den Sinnen zum Geschmack

FÜR DIE QUALITÄT VON TEE GIBT ES NEBEN DEINEM UNSCHLAGBAREN PERSÖN-
LICHEN GESCHMACK AUCH GANZ OBJEKTIVE KRITERIEN, DIE BEWERTET WERDEN.
EIN PAAR ÜBUNGEN FÜR AUGEN, NASE UND GAUMEN.

VOM BLATT ZUM BEUTEL

Zunächst geht es vor allem darum, ob liebevoll
geerntetes und sorgfältig ausgewähltes Blatt-
werk in die Tasse kommt oder ob der Tee in
Deiner Tasse eher aus Ästchen und Blattresten
besteht, die kaum für echten Teegenuss sorgen.
Das lässt sich am besten bei losem Tee beurteilen. In Teebeuteln gestaltet sich das
schwierig, denn die Zutaten sind meist sehr
fein gemahlen. Es gibt durchaus gute Beutel-
tees, aber ob da hochwertige Teeblätter oder
aromatisierter Pflanzenstaub verarbeitet
wurden, weiß allein der Hersteller. Erst wenn
Du die Zutaten sehen kannst, kannst Du
Deinen Tee richtig beurteilen. Wir raten Dir
auf jeden Fall und sowieso immer zu echten
Blättern und Blüten. Da trinkst Du, was
Du siehst, und kannst Dich außerdem an der
bunten Schönheit der Zutaten erfreuen.

5 CUPS-TIPP

PATRICK: Bei großen Teeblättern lässt sich
die Qualität optisch am besten beurteilen.
Für den Teegenuss eignen sich allerdings
gebrochene Teeblätter besser, weil dadurch mehr Geschmack in Deiner Tasse
landet. Zerkleinere große Blätter vor
dem Aufbrühen einfach mit den Fingern.

VOM REGAL IN DIE TASSE

Die wichtigsten Qualitätsmerkmale von Blättern, Blüten, Kräutern und Gewürzen kannst Du recht leicht erkennen. Hier ein paar Fragen, die Du jedem Tee stellen solltest, während Du ihn bewunderst:

Bist du rein? Um einen ersten Eindruck über Deinen Tee zu gewinnen, kann ein Blick in die Tüte schon helfen. Ein guter Tee sollte viele Blätter und wenig Äste enthalten. Natürlich ist es ganz normal, dass sich auch Ästchen unter die Blätter mischen – wenn jedoch mehr Äste als Blätter zu sehen sind, ist das Verhältnis eher schlecht, da die Blätter den Geschmack tragen, nicht aber die Äste.

Wie sehen die Blätter und Blüten aus? Die Blätter sollten schön grün und die Blüten hübsch bunt aussehen. Schwarze Stellen sollten kaum bis gar nicht vorhanden sein. Schwarzer Tee bildet die Ausnahme, da er durchgehend dunkle und schmale Blätter haben muss.

Kann ich mal riechen? Wenn Du das Aroma eines Tees schon vor dem Aufguss „erriechen" möchtest, zerkleinere etwas Tee, umschließe ihn mit Deiner Hand und hauche Luft in Deine Faust. Öffne die Hand vorsichtig. Durch den warmen Atem duftet der Tee nun deutlich kräftiger und sein Aroma lässt sich besser beurteilen. Ein frischer Tee duftet schon direkt nach dem Zerkleinern aromatisch.

Schmeckst du? Schmeckt der Tee nach dem Aufbrühen schön aromatisch, dann sind der Tee und Du nun Freunde. Schon ein kleiner Teelöffel auf eine Tasse sollte genügen, um einen guten Geschmack zu bekommen.

TEE AM BESTEN OHNE

Wenn Du einen Tee kaufst, solltest Du darauf achten, dass er aus nachhaltigem Anbau stammt. Einen natürlichen Geschmack findest Du vor allem unter Bio-Produkten, denn dort wird auf den Einsatz von Chemie verzichtet und die Qualität streng kontrolliert. Beim konventionellen Anbau dagegen werden schädigende Pflanzenmittel eingesetzt. Auch wenn unser Körper viele der zugeführten Schadstoffe von ganz allein wieder loswird, ist es besser, so oft wie möglich darauf zu verzichten, denn die Seele trinkt mit. Teegenuss sollte weder zu Deinen Lasten sein noch auf Kosten einer gesunden Umwelt gehen. Auch kann es nicht schaden, beim Kräuterhändler Deines Vertrauens nachzufragen, ob Du etwas mehr über die Herkunft und den Anbau Deiner Zutaten erfahren kannst. Dabei lernst Du ganz sicher vieles aus der Tee- und Kräuterwelt dazu.

TEETASSEN-JARGON

Tiefer in die Kanne geguckt

SO SCHÖN UND EINFACH TEE AUCH IST, SOBALD EXPERTEN AM WERK SIND, WIRD DARAUS EINE WISSENSCHAFT. EIN PAAR ÜBERSETZUNGEN BRINGEN LICHT INS DUNKEL UND MEHR SPASS IN DIE TASSE.

SPRICHST DU TEE?

Schwarzer Tee hat die größte industrielle Verbreitung. Für dessen qualitative Beurteilung haben sich im traditionellen Teehandel daher bestimmte Bezeichnungen etabliert, um nachvollziehbare Unterschiede machen zu können. Das ist wie eine eigene Sprache, mit deren Vokabeln man viele Seiten eines Buches füllen könnte. Die kann sich kaum jemand merken und das musst Du zum Glück auch nicht. Wir geben Dir aber gern ein paar hilfreiche Anhaltspunkte für Deinen Einkauf.

BUCHSTABENSALAT

Blattgrade und Erntebesonderheiten werden durch standardisierte Buchstaben- und Abkürzungssysteme beschrieben. Der Tee wird dabei nach seinem Blattgrad sortiert. Denn aufgrund des Aussehens der Teeblätter können Experten schon viel über die Teequalität und sogar über deren Geschmack sagen.

Dabei wird schwarzer Tee zunächst grob unterteilt in:

P	PEKOE	Tee aus ganzem Blatt
B	BROKEN	Tee aus gebrochenem Blatt
F	FANNINGS	kleinste Teile gebrochener Teeblätter
D	DUST	Staub aus Teeblättern

Diese Buchstaben sind noch einfach. F und D werden in Teebeuteln verarbeitet, da sie günstiger als ihre großen Geschwister und zudem sehr ergiebig und kräftig im Geschmack sind. Die größeren Blattgrade B und P ergeben einen erleseneren Tee.

Und jetzt kommt es. Je nachdem, ob nur die Blattknospen, junge Blätter oder die Spitzen der jüngsten Blätter geerntet wurden, kommen noch mal ordentlich Buchstaben dazu.

FIRST ODER SECOND FLUSH

Dieser Unterschied bei schwarzen Tees ist einfach, aber geschmacksentscheidend. Der Zeitpunkt der Ernte spielt die ausschlaggebende Rolle. Die erste und zweite Haupternte sind die beiden wichtigsten. Man nennt sie First und Second Flush. Generell sagt man, Tee aus dem First Flush ist leichter, blumiger und heller. Wohingegen der Tee aus dem Second Flush kräftiger und dunkler ist. Wenn Du also eher einen leichten Schwarztee trinken möchtest, raten wir Dir, einen First Flush aufzugießen.

CTC ODER ORTHODOX

Und zum krönenden Abschluss werden bei schwarzen Tees auch noch zwei verschiedene Verarbeitungsmethoden zum Aufbrechen der Teeblätter unterschieden: CTC (Crushing, Tearing, Curling) ist kurz gesagt die schnelle Methode, die inzwischen weit verbreitet ist und zur industriellen Herstellung genutzt wird. Orthodox ist die alte Methode, die etwas schonender mit den Blättern verfährt. Mit ihr wird deshalb auch die bessere und teurere Teequalität erreicht. Das Aufbrechen der Teeblätter ist ein wesentlicher Schritt zur Vorbereitung der Oxidation.

5 CUPS-TIPP

MORITZ: Die Abkürzung SFTGFOP1 bezeichnet die allerfeinste und hochwertigste Gradierung, die bei einem Darjeeling-Tee zu finden ist. Die Buchstabensammlung steht für „Special Finest Tippy Golden Flowery Orange Pekoe 1". Die hinten angestellte 1 bedeutet, dass es sich innerhalb dieser Gradierung um Blätter der ersten Wahl von höchster Qualität handelt. Wahnsinn oder?

GRÜN IST ANDERS

Bei grünem Tee werden die Blattgrade nicht durch Buchstabensysteme unterschieden. Die Sorten und die Anbaugebiete werden hier schlicht mit Namen bezeichnet, so ähnlich wie die Rebsorten beim Wein. Das führt jetzt aber zu weit. Merk Dir einfach nur, dass die erlesensten Grüntees aus Japan kommen.

Verpackt werden alle Merkmale in Abkürzungen wie BOP, GFOP oder TGFBOP, die auch ausgeschrieben nicht einfacher werden. Als grobe Faustregel kannst Du Dir merken: Je mehr Buchstaben eine Abkürzung hat, desto wertvoller ist ein Tee.

Doch die eigentliche Weisheit hinter GFOP und TGFBOP ist, dass die Abkürzung Dir auch nicht sagen kann, ob Dir der Tee schmeckt. Das musst Du einfach selbst probieren.

KINDER DER TEEPFLANZE
Eine Familienaufstellung

TEESORTEN AUS DER TEEPFLANZE HABEN VIELE GEMEINSAMKEITEN. GRÜNER, SCHWARZER UND WEISSER TEE ENTHALTEN KOFFEIN UND VIELE PFLANZENSTOFFE MIT POSITIVEN WIRKUNGEN. DOCH NOCH SPANNENDER SIND DIE UNTERSCHIEDE.

Unterschiede in Farbe, Geschmack und Wirkweise ergeben sich erst durch die Weiterverarbeitung nach der Ernte, durch das Welken und Oxidieren der Blätter der Teepflanze. Je nach Verarbeitung entstehen verschiedene Teesorten aus ein und derselben Pflanze. Das ist schon ganz schön faszinierend.

Den Oxidationsprozess, der nach dem Welken einsetzt, nennt man in der Teesprache Aeration. Das wird häufig auch als Fermentation bezeichnet, ist aber chemisch nicht korrekt. Wen's interessiert ...

Oxidation kannst Du auch bei einem Apfel beobachten. An der Luft wird der aufgeschnittene Apfel braun. Zitronensaft stoppt den Prozess. Schwarzer Tee ist wie ein brauner Apfel – oxidiert. Grüner Tee eben nicht. Nur, dass hier keine Zitrone, sondern Wärme genutzt wird, um die Oxidation zu unterbinden.

Schwarzer Tee

▶ **Das ist er**: Damit schwarzer Tee auch so richtig schön schwarz wird, werden seine Blätter nach dem Ernten und Welken zusätzlich mechanisch aufgebrochen. Dabei wird das Blatt allerdings nicht zerkleinert, lediglich die Blattoberfläche wird angerissen. Das ist wichtig, damit möglichst viel von dem Zellsaft aus den Blättern austreten kann. Der Zellsaft reagiert daraufhin mit dem Sauerstoff der Luft und die Blätter verfärben sich rotbraun. Die Oxidation wird nach einigen Stunden durch die abschließende Trocknung beendet. Dann erst sieht der fertige Tee nahezu schwarz aus und schmeckt so, wie man ihn kennt. Die bekanntesten Vertreter sind der kräftige und malzige Assam sowie der blumige Darjeeling.

🍃 **So schmeckt er**: Sein Farbspektrum reicht im Aufguss von hellem Gelborange bis zu tiefem Rotbraun. Wie beim Grüntee spielen sowohl die Ernte, die Region und die Verarbeitung eine wichtige Rolle für seine geschmackliche Entwicklung. Die Aromen reichen von leicht blumig bis kräftig malzig. Dazwischen spielen säuerliche, bittere und trockene Noten eine wichtige Rolle.

DUNKLE BLÄTTER DURCH OXIDATION.

🌢 **Das braucht er**: Schwarzer Tee wird mit kochendem Wasser zubereitet und zieht je nach Sorte etwa 2–4 Minuten. Dabei sollte ein leichter Darjeeling eher kürzer ziehen. Ein kräftiger Assam kann länger im Wasserbad bleiben.

💚 **Die mag er**: Schwarzer Tee eignet sich hervorragend als Basis zum Mischen mit Kräutern, Gewürzen und Blüten. Dabei solltest Du vorher abwägen, ob ein blumiger oder ein kräftiger Schwarztee zum Einsatz kommen soll. Je kräftiger der schwarze Tee, desto kräftiger können auch die Mischzutaten sein.

GRÜNER TEE

▶ **Das ist er**: Nach dem Welken der frisch gepflückten Blätter wird Grüntee gleich erhitzt und damit seine Aeration verhindert. So bleiben ihm nahezu alle seine Wirkstoffe erhalten und das Blatt erstrahlt weiterhin schön grün. In Japan wird dafür heißer Wasserdampf verwendet. In China werden seine Blätter traditionell in großen Pfannen über dem Feuer erhitzt. Deshalb schmecken chinesische Grüntees häufig rauchiger als ihre japanischen Verwandten. Sehr bekannt sind der chinesische Gunpowder und der japanische Sencha.

👄 **So schmeckt er**: Jede Grünteesorte hat ihren grundeigenen Charakter. Die geschmackliche Vielfalt reicht von mild-fruchtig über kräftig heuig-grasig bis hin zu nussig und bitter. Dazwischen ist der Nuancenreichtum nahezu grenzenlos. Sowohl die Anbauregion, als auch die -methode sorgen für wesentliche Unterschiede im Geschmack. Beispielsweise kann die Teepflanze mit speziellen Netzen beschattet werden. Das Ergebnis ist dann ein Halbschattentee, der nach der Ernte besonders dunkelgrün und aromatisch ist.

🌢 **Das braucht er**: Viele Grüntees eignen sich für mehrfache Aufgüsse, wobei es in jedem Aufguss etwas Neues zu entdecken gibt. Generell solltest Du grünen Tee mit ca. 80 °C heißem Wasser aufbrühen und etwa 1–2 Minuten ziehen lassen. Ein zu heißes und zu langes Wasserbad macht ihn oft fad und bitter.

💚 **Die mag er**: Grüner Tee eignet sich sehr gut zum Mischen mit Lemongrass oder Zitronenverbene. Denn Zitrusnoten harmonieren ganz wunderbar mit seinem milden Geschmack und die ätherischen Öle tragen mit ihrem Duft zur Entspannung bei. Wenn ein extra Koffein-Kick notwendig ist, kannst Du ihn mit der tabakartig herb schmeckenden Mate mischen. Generell passt ein guter Grüntee immer, wenn Koffein gewünscht wird. In einer kräftigen Kräuterteemischung geht er durch seinen milden Geschmack ein wenig unter. Hier gilt beim Mischen: mit weniger Kraut schmeckt man mehr vom Grünen.

WEISSER TEE

▶ **Das ist er**: Weißer Tee ist ein sehr feiner Vertreter seiner Zunft. Der Kaiserliche kommt ursprünglich aus der chinesischen Provinz Fujian und wurde dort aus speziellen Varietäten der Teepflanze *Camellia sinensis* hergestellt. Für ihn pflückte man nur die ganz jungen Blattknospen, welche noch mit einem zarten weißen Flaum bedeckt waren. Daher stammt auch sein schöner Name. Heutzutage gibt es weißen Tee auch aus anderen Ländern und Regionen. Die hohe Qualität und eine sehr schonende Behandlung nach der Ernte haben sie alle gemeinsam. Weißer Tee wird traditionell nicht aufgebrochen und oxidiert nur leicht.

🍵 **So schmeckt er**: Der Weiße ist ganz hell im Aufguss und zart im Eigengeschmack. Bei ihm wird die Trocknung manchmal durch Feuerwärme beschleunigt. Dann kannst Du ein leichtes Raucharoma herausschmecken.

> NUR DER PU-ERH-TEE WILL ALLEINE BLEIBEN. ER EIGNET SICH NICHT ZUM MISCHEN.

🍃 **Das braucht er**: Bei der Zubereitung sollte Dein weißer Tee etwa 2 Minuten bei einer Wassertemperatur von ca. 80 °C ziehen.

♥ **Die mag er**: Der weiße Kaiser gefällt sich selbst als Einzeltee sehr gut. In der Teemischung mag er besonders zarte Blüten und Früchte, wie Kornblumenblüten und Hagebutte. Kräftige Gewürze und Kräuter lassen seine feinen Aromen kaum zur Geltung kommen.

OOLONG-TEE

▶ **Das ist er**: Oolong ist das Mittelkind zwischen grünen und schwarzen Tees. Seine Blätter werden etwas vorsichtiger als bei seinem großen Bruder, dem Schwarztee, mechanisch aufgebrochen. Austretender Zellsaft beginnt zu oxidieren, was durch Hitzezufuhr vorzeitig unterbrochen wird. Die große Kunst besteht darin, zu wissen, wann die Oxidation beendet werden kann, um diesen außergewöhnlichen Tee zu erhalten.

💋 **So schmeckt er**: Der stets wohlriechende Oolong kann mal mehr nach einem Grüntee oder mal mehr nach einem schwarzen Tee schmecken und vereint auf typische Oolong-Art das Beste von beiden. Sein Variantenreichtum ist durch seinen individuellen Herstellungsprozess enorm groß.

💧 **Das braucht er**: Einen hochwertigen Oolong kannst Du in mehrfachen Aufgüssen mit unterschiedlichen Ziehzeiten und Temperaturen genießen. Den ersten Aufguss solltest Du allerdings 1 – 2 Minuten in maximal 90 °C heißem Wasser ziehen lassen.

💚 **Die mag er**: Oolong hat einen sehr eigenen Charakter und fühlt sich durchaus in der Lage, als Einzeltee schon für genug Spannung in Deiner Tasse zu sorgen. Wenn Du ihn mischen möchtest, dann am besten mit milden Zutaten wie Apfel oder Zitronenschalen, da er selbst sehr fein und aromatisch ist. Man könnte ihm auch nachsagen, dass er gern im Mittelpunkt steht. Aber er ist kein Angeber, sondern hat wirklich das Zeug dazu.

PU-ERH-TEE

▶ **Das ist er**: Der Herr Pu-Erh ist ein ganz besonderer Tee. Die Blätter der Teepflanze werden während der mehrwöchigen Verarbeitung feucht gehalten und einer echten Fermentation unterzogen. Der Pu-Erh gärt und reift dabei. Anschließend wird er meist in Fladen oder in eine hübsche Nestform gepresst. Er kann viele Jahre gelagert werden, wodurch er wie Whiskey zu einer teuren Spezialität heranreift.

💋 **So schmeckt er**: Geschmacklich scheiden sich bei dieser Besonderheit die Geister. Während die einen den Herren als unerträglich erdig und sogar fischig empfinden, können die anderen gar nicht genug von ihm bekommen.

💧 **Das braucht er**: Pu-Erh ist ein unglaublich kräftiger Kerl, der bei 100 °C badet. Am liebsten mag er es, wenn er in einem ersten zehnsekündigen Aufguss kurz gewaschen wird, bevor aus ihm bis zu 10 weitere hocharomatische Aufgüsse herausströmen, die aber nur 30 Sekunden bis eine Minute ziehen sollten.

💚 **Die mag er**: Zum Mischen geeignet? Eher nicht. Pu-Erh spielt da in seiner ganz eigenen Tee-Liga. Ja, ja, es ist einsam an der Spitze ...

KRÄUTER UND BLÜTEN

Tee-Geschwister

NEBEN TEE IST AUCH KRAUT GEWACHSEN: IN EUROPA GIESST MAN SEIT JEHER KRÄUTER UND BLÜTEN AUF, IN ARGENTINIEN WEISS JEDER, DASS MATE AUF-PUTSCHT, UND IN SÜDAFRIKA HULDIGT MAN ROOIBOS.

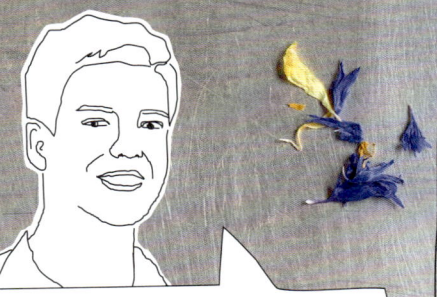

5 CUPS-TIPP

ANDRÉ: Die Heilmedizin nutzt Teemischungen, um verschiedene Wirkungen zu vereinen. Dafür ist allerdings ein enormes Fachwissen über die Kräuterwirkweisen und deren einzelne Verträglichkeiten erforderlich und laut Gesetz auch eine Apothekerausbildung. So wollen wir es auch lassen. Wenn Du Unwohlsein oder Krankheiten mit Tee kurieren möchtest, dann hol Dir den Rat eines Apothekers ein.

KRÄUTER UND BLÜTEN

Schon die Druiden aus der Zeit des alten Roms kannten sich gut mit der heimischen Flora aus. Der Miraculix von damals konnte aus Minze, Salbei und Melisse wahre Zaubertränke brauen und die Dorfbewohner von so manchen Zipperlein befreien. Heute weiß man, dass unsere heimischen Kräuter mit ihren zahlreichen Wirkweisen die Teepflanze auf fast allen Gebieten in den Schatten stellen – außer beim Koffeingehalt. Sie enthalten nämlich keines.

So wie die Kräuter sind auch zahlreiche Blüten sehr wohltuend, medizinisch wirksam und koffeinfrei. Die Kamille zum Beispiel wirkt entzündungshemmend. Blüten bestechen durch ihren Geschmack und Geruch, aber vor allem durch ihre Anmut. Mit ihnen kannst Du einen farbenfrohen Blütenmix mit einer Farbenpracht à la Picasso im Teewasser tanzen lassen oder eine elegante Mischung aus schwarzem Tee mit blauen Kornblumen kreieren. Der Schönheit sind beim Tee keine Grenzen gesetzt. Wie ein Maler setzt Du mit Hibiskus, Ringelblume, Rose und etlichen Verwandten Dein eigenes Kunstwerk zusammen.

MATE UND ROOIBOS

Rooibos und Mate gelten hierzulande als Exoten. Von Lapacho, der Rinde des Baums des Lebens, wollen wir erst gar nicht reden. Aufgebrüht als Einzeltee sind die wenigsten vom Geschmack beeindruckt, aber vielleicht eher, weil der Bauer nicht isst, was er nicht kennt. In Teemischungen spielen diese Vertreter ihre spannenden Noten gekonnt aus und nicht zuletzt enthalten sie allesamt so viele wertvolle Inhaltsstoffe, dass sie der Teepflanze locker das Wasserbad reichen können.

HIBISKUSBLÜTEN

▶ **Das sind sie**: Die meisten Hibiskusblüten wachsen in Afrika, denn dort fühlen sie sich besonders wohl und können ihre schönen, großen Blütenkelche voll ausbilden. In der Naturmedizin werden sie zur Blutdrucksenkung eingesetzt und geben auch gern ihr Bestes, um Dir über eine lästige Erkältung hinwegzuhelfen.

👄 **So schmecken sie**: Die tiefrote Farbe der Hibiskusblüten schmeichelt jedem heißen Wasser und ihr zitrusartiger, saurer Geschmack ist eine ganz hervorragende Basis für Früchtetees, auch wenn sie keine Früchte sind. Mach aus Hibiskusblüten auch mal einen frisch-fruchtigen Eistee, der gesüßt mit Agavendicksaft am besten schmeckt.

🌢 **Das brauchen sie**: Hibiskusblüten solltest Du immer mit sprudelnd kochendem Wasser übergießen und 4 – 8 Minuten ziehen lassen, damit sie ihren vollen, fruchtigen Geschmack entfalten können.

♥ **Die mögen sie**: Wie schon gesagt sind Hibiskusblüten eine tolle Basis für alle Früchtetees. Damit allerdings die Aromen der anderen Zutaten auch zur Geltung kommen können, solltest Du die Blüten vorsichtig dosieren, denn sie vertreten ihre Stellung in der Tasse rasant dominant. Ein Kräutertee bekommt durch den säuerlichen Geschmack extra Pepp und eine rosige Farbe.

ROSENBLÜTE

▶ **Das ist sie**: Das Fräulein Rosenblüte wird von Jung und Alt gleichermaßen geliebt. Sie betört durch einen blumigen Duft und erinnert auch im Tee an Sonnenstunden und entspannte Nachmittage im Garten. Einer alten Sage nach ist sie ein Überbleibsel der Morgenröte. Und wenn sie ihre Blätter im Teewasser schwimmen lässt, weiß man ganz genau, wie das gemeint ist.

👄 **So schmeckt sie**: Des Fräuleins getrocknete Blütenknospen geben jedem Tee eine samtig-milde, blumige Note – ein Aroma, das seinesgleichen sucht. Im heißen Teewasser verströmt sie eine helle, zartrosa Farbe und duftet dabei betörend sanft. Sie sorgt gern für wohlige Entspannung und freut sich, wenn sie ihre blumige Sommernote auch in einem Eistee verbreiten darf.

🌢 **Das braucht sie**: Die Rosenblüte wird mit kochendem Wasser übergossen und sollte 3 – 4 Minuten ziehen. Wenn Du möchtest, kannst Du sie auch im kaltem Wasser ziehen lassen – bis zur vollen Aromaentfaltung dauert es dann allerdings 30 – 120 Minuten.

♥ **Die mag sie**: Fräulein Rosenblüte liebt schwarzen Tee, begleitet aber auch gerne Früchtetees in der einen oder anderen Kanne.

KAMILLENBLÜTE

⮞ Das ist sie: Die hübsch anzusehende, leuchtend gelbe Madame Kamille ist eine bescheidene Diva. Die Oscars der Arzneiszene fliegen ihr nur so zu: 1987 kürte man sie zur „Arzneipflanze des Jahres" und 2002 wurde sie als „Heilpflanze des Jahres" erneut in höchsten Tönen gelobt. Ihre entzündungshemmenden ätherischen Öle sind legendär und damit ist sie sicher das bekannteste Mitglied der klassischen Kräutertee-Bande.

👄 So schmeckt sie: Madame leidet heute etwas darunter, dass ihr Geschmack besonders in Teemischungen sehr unterschätzt wird. Meist wird sie als Einzeltee aufgegossen. Ihr sanfter Blütenduft und ihre honiggelbe Farbe kommen jedoch in vielen Teemischungen sehr eindrucksvoll zur Geltung. Ein fast schon süßer Charakter, der Dich mit jedem Schluck entspannt. Aber Achtung! Zieht sie zu lange, wird sie immer herber.

💧 Das braucht sie: Die Kamille wird mit sprudelnd kochendem Wasser aufgegossen. Bei 4–6 Minuten fühlt sie sich so richtig wohl, hält es aber gern auch länger im heißen Wasser aus.

♥ Die mag sie: Madame geht gern mit allen möglichen Kräutern ins Wasser. Sie zeigt sich aber vor allem mit schwarzem Tee oder in Früchtetees von ihrer temperamentvollen Seite. Sparsam dosiert produziert sie entzückende hölzerne Noten.

MINZE

⮞ Das ist sie: Die aromatische Minze hat einen unglaublich großen Stammbaum und ihre Verwandten und Bekannten sind fast überall auf der Welt zu finden. Am bekanntesten ist sicherlich die Pfefferminze, gefolgt von der grünen Minze, die unter ihrem englischen Namen „Spearmint" im Kaugummi zu einem absoluten Weltstar geworden ist.

👄 So schmeckt sie: Die quirlige Minze bringt Frische in Deinen Tee. Wir persönlich finden, dass sich für Teemischungen die grüne Minze besonders gut eignet. Sie ist weniger mentholhaltig als ihre Schwester Pfefferminze und gesellt sich sehr charmant zu anderen Zutaten, ohne immer im Mittelpunkt stehen zu müssen. Die grüne Minze solltest Du unbedingt auch als Eistee probieren!

💧 Das braucht sie: Minze verträgt sowohl in getrockneter Form als auch pflückfrisch ein Bad im kochenden Wasser und sollte 4–8 Minuten ziehen.

♥ Die mag sie: In Kräuterteemischungen ist die Minze auf jeden Fall hervorragend aufgehoben, aber auch im schwarzen Tee ist sie ein Genuss. Sie bringt einfach in jede Mischung frischen Wind hinein.

MINZE SORGT FÜR FRISCHE.

FENCHEL

> **Das ist er**: Der freundliche Fenchel ist ein vielseitiger Bursche und kommt schon seit über 5.000 Jahren als Gewürz zum Einsatz. Seine Knolle ist ein wunderbarer Leckerbissen für Salate und Suppen. Seine Samen gibt er gerne für einen schönen Tee her und zwar am besten kurz gemörsert, damit sie ihren Geschmack voll entfalten können.

> **So schmeckt er**: In Indien ist der leichte Anisgeschmack der Fenchelsamen beliebt. Sie werden nach dem Essen zum Knabbern gereicht, manchmal sogar in einer leckeren Zuckerummantelung. Das erfrischt den Atem und soll der Verdauung helfen. Der gute Fenchel hat neben seinem Anisgeschmack auch noch eine süßliche Note anzubieten. Dieser Süße können vor allem Kinder kaum widerstehen. Darauf ist der Fenchel stolz. Denn wenn Kinder einen mögen, hat man ja bekanntlich schon gewonnen.

> **Das braucht er**: Der Fenchel liebt sein Badewasser kochend heiß und bleibt gern für 4–6 Minuten darin liegen.

> **Die mag er**: Er kann sich vor Freunden kaum retten, denn so viele Tees haben ihn als wohlschmeckenden Partner gern mit an Bord. Vor allem Kräutertees profitieren von seiner würzigen Note. Aber auch im Früchtetee überzeugt der freundliche Fenchel voll und ganz und kann ebenso dem Schwarztee als Juniorpartner in einer Chai-Gewürztee-Mischung gute Dienste erweisen.

LEMONGRASS

> **Das ist sie**: Lady Lemongrass, die auch unter ihrem Mädchennamen Zitronengras bekannt ist, hat ihren Siegeszug in Deutschland vor ein paar Jahren als hocharomatisches Beiwerk zum Würzen asiatischer Gerichte angetreten. Im Teeaufguss kann sie sich als immergrünes Kraut auch sehr gut sehen lassen.

> **So schmeckt sie**: Ihr angenehmer Zitrusgeschmack eignet sich gut zur Verfeinerung von Getränken. Dabei weist die Lady gern darauf hin, dass sie ihr Aroma besser entfalten kann, wenn sie vor dem Aufguss mit einem Mörser leicht angestoßen wird, vor allem, wenn sie frisch in die Tasse kommt. Denn erst dann kann Lady Lemongrass völlig aufgehen und mit ihrer frischen, fröhlichen Note für gute Laune sorgen. Im Sommer ist sie als Eistee-Zutat ein prima Abkühler.

> **Das braucht sie**: Lady Lemongrass verträgt den langen Aufenthalt in kochend heißem Wasser sehr gut. Sie möchte darin gern für 6–8 Minuten bleiben, um ihre Zitronennote mit dem Wasser zu teilen.

> **Die mag sie**: Grüntee und Mate lieben die leckere Lady Lemongrass ungemein. Damit stehen die beiden aber nicht alleine da, denn auch im Früchtetee spielt sie gern die oscarreife Nebenrolle. Sogar Kräuterteemischungen gibt sie den besonderen Pep. Offen gesagt, unsere Lady möchte sich nicht festlegen und ist immer interessiert an neuen Mischungsverhältnissen.

MELISSE

▶ **Das ist sie**: Ihren Namen hat die entspannte Melisse aus dem griechischen Wort für Honig („meli") abgeleitet. Denn dort, wo sie ist, sind die fleißigen Summer nicht weit. Sie ist sehr freundlich zu Kindern und kann schon von den Kleinsten getrunken werden. Als einer der wenigen Kräutervertreter, die auch in der Schwangerschaft als Tee empfohlen werden, ist die Melisse bestens geeignet, dem Tag mit Ruhe und Ausgeglichenheit zu begegnen.

👄 **So schmeckt sie**: Mit ihrem leicht süßlichen Duft und diesem Hauch von Zitrone übt sie als Kräutertee eine beruhigende Kraft aus.

💧 **Das braucht sie**: Du solltest sie mit kochendem Wasser übergießen, denn sie mag ein heißes 4- bis 6-minütiges Bad, um ihr leichtes, ätherisches Öl zu verströmen.

💜 **Die mag sie**: Die entspannte Melisse passt gut in jede Kräuterteemischung. Auch hat sie nichts dagegen, Lückenfüller in einem Früchtetee zu sein. Da sorgt sie nämlich durch ihre Leichtigkeit für ein schönes Volumen zwischen all den verschiedenen schweren getrockneten Früchten.

SÜSSHOLZ

▶ **Das ist er**: Der bekannte Saft der süßen Wurzeln des Herrn von Süß dient als Ausgangsstoff für Lakritze. Und auch sonst ist überhaupt nichts Süßholzgeraspeltes um ihn, denn in der Medizin macht er einen richtig guten Job: 2012 wurde von Süß wegen seines breiten Wirkungsspektrums zur Arzneipflanze des Jahres gewählt. Kompliment! Auch weil er trotz dieser Lobhudelei geschmacklich auf dem Boden der süßen Tatsachen geblieben ist.

👄 **So schmeckt er**: Wie sein Name schon deutlich sagt, ist Herr von Süß richtig süß und kombiniert das gekonnt mit einer leichten Lakritznote. Er ist eine nette und zahnfreundliche Zutat und süßt dem Tee auch ohne Zucker so richtig ein.

💧 **Das braucht er**: Kochendes Wasser tut dem Herrn gut. Dabei wird sein Geschmack immer intensiver, je länger Du ihn ziehen lässt. Meist reicht ein halber Teelöffel, um eine Tasse Tee zu süßen. Taste Dich einfach vorsichtig heran und lasse ihn zwischen 3–6 Minuten ziehen.

💜 **Die mag er**: Eigentlich passt er zu jeder Zutat, die seine lakritzige Süße zu schätzen weiß. Oft findet man ihn in Begleitung von Rooibos, Honeybush und Fenchel, aber er macht sich auch vorzüglich in einer größeren Früchte- oder Kräuterteemischung.

ZARTE ZITRUSNOTEN DURCH MELISSE.

MATE

Das ist sie: Frau Mate ist sehr bodenständig. In Südamerika wird sie seit Jahrhunderten vom Mate-Strauch geerntet. Ihre Fangemeinde dort ist riesig. Seit neuestem lässt sich die koffeinhaltige Dame öfter auch in europäischen Tassen und Getränken blicken. Das liegt neben ihrem spannenden Aroma an der regen Erforschung ihres gesundheitlichen Nutzens – sogar als Schlankmacher wird sie gehandelt.

So schmeckt sie: Mate hat einen rauchig-erdigen, tabakartigen, zart-bitteren Geschmack. Oft wird sie mit Zitrusfrüchten veredelt und spielt ihre äußerst anregende Wirkung heiß und kalt sehr gekonnt aus.

Das braucht sie: Mate-Trinker in Argentinien gießen die Blätter mehrfach in der „Kalebasse", einer ausgehöhlten und getrockneten Hülle des Flaschenkürbisses, mit sehr heißem, aber nicht mehr kochendem Wasser auf und lassen den Aufguss 3 – 5 Minuten ziehen. Natürlich kannst Du auch Deine normale Teekanne benutzen.

Die mag sie: Mate versteht sich prima mit anderen Kräutern und zeigt dann gern ihr schönes Aroma. Ihre besten Freunde sind Zutaten mit Zitrusnoten wie Zitronenschalen, Lemongrass, Melisse oder Zitronenverbene. Wenn sie kalt wird, weiß sie Dich mit Saft im Eistee zu verwöhnen. Zusammen mit grünem Tee hilft sie Dir, wenn Du eine Entschlackungs-Kur machen willst.

ROOIBOS

Das ist er: Bei uns ist der rote Rooibos auch bekannt als Rotbuschtee. Von seiner Verarbeitung her ähnelt Rooibos dem echten Tee am meisten, denn auch bei ihm wird das grüne Blatt nach der Ernte so behandelt, dass der Zellsaft austreten kann und mit dem Sauerstoff in der Luft reagiert. Erst dabei färben sich seine nadelartigen Blätter rotbraun. Rooibos ist ein koffeinfreier Zeitgenosse und schmeckt ganz anders als echter Tee. Er ist sehr bekömmlich und reich an Eisen und Mineralstoffen, was ihn zu einem beliebten Tee bei Schwangeren, jungen Müttern und deren Kindern macht.

So schmeckt er: Der rötliche Aufguss des Rooibos schmeckt sehr aromatisch und süßlich-fruchtig. Du kannst ihn mit Milch und Zucker ganz nach Deinem Geschmack abrunden. Sehr beliebt ist er auch als Wintertee mit Vanillearoma.

Das braucht er: Rooibos-Tee kannst Du mit kochend heißem Wasser aufgießen und 4 – 8 Minuten ziehen lassen.

Die mag er: Als Basis für Kräuter- und Früchteteemischungen aller Art ist der rote Rooibos bestens geeignet. Er macht aber auch ganz allein eine super Figur in Deiner Tasse – oder Kanne.

FRÜCHTE UND GEWÜRZE
Aromatisch, keck und bunt

DU DENKST VIELLEICHT AN ERDBEER- ODER KIRSCHTEE? WIR MÜSSEN DICH ENTTÄUSCHEN. VIELE GETROCKNETE FRÜCHTE ENTWICKELN IM AUFGUSS NICHT SEHR VIEL AROMA. GEWÜRZE DAGEGEN BRINGEN SCHON IN GERINGEN MENGEN VIEL GESCHMACK IN DIE TASSE.

FRUCHTGESCHMACK

Die Basis für fast jeden Früchtetee ist Hibiskus, eine Blüte. Sie brüht rubinrot leuchtend auf und entwickelt einen kräftig säuerlichen Geschmack (siehe Seite 25). So dicht kommt kaum eine Frucht an den gewohnten Fruchtgeschmack heran. Klingt doof, ist aber so.

Die meisten getrockneten Früchte geben nur wenig Geschmack in den Tee ab. In der industriellen Früchtetee-Herstellung werden deshalb duftende Aromen verwendet. Auch ein Trick, aber der ist wirklich doof.

Die aromatischsten Klassiker im Früchtetee sind Hagebutte und Apfel. Aber auch die Schalen von Orangen und Zitronen liefern einen tollen Geschmack, denn sie enthalten hocharomatische ätherische Öle. Andere getrocknete Früchte wie zum Beispiel Beeren sehen im Tee vor allem schön aus. Rettung versprechen wir Dir mit Säften: ein paar Spritzer im aufgebrühten Tee lassen das Fruchtherz wieder hochschlagen.

WÜRZIGE NOTEN

Gewürze sind anders als Früchte. Sie verleihen Deinem Tee ganz besondere Noten. Dafür reichen meist kleinste Mengen aus. Chili zum Beispiel gibt seine feurig scharfe Note schon bei geringer Dosierung herzlich gern an Deinen Tee ab. Mische Gewürze mit viel Feingefühl und taste Dich heran, so wie Du es wahrscheinlich auch beim Kochen machen würdest.

ICH WILL MEHR GESCHMACK!

Teetaugliche natürliche Aromen wie Erdbeere, Sahne oder Karamell sind für Privathaushalte kaum erhältlich und das Vermengen mit Deinen Zutaten wäre, wegen der kleinen Mengen, eine echte Herausforderung. Willst Du Deiner Teemischung auf natürliche Art zusätzlichen Geschmack geben, dann probiere es mit Fruchtsäften. Oder auch mit Sirupen, die Du ganz einfach selbst herstellen kannst (siehe Seite 90/91), oder mit Früchtesaucen. Frische Zutaten gehen auch. Die muss man nur klein schneiden oder auspressen. Gib doch nach dem Aufbrühen ein paar frische Erdbeeren, einen Schuss Sahne oder selbst gemachtes Sahne-Karamell (siehe Seite 90) hinzu. Das sieht auch noch richtig gut aus.

HAGEBUTTE

▶ **Das ist sie**: Die Hagebutte gilt als ein Klassiker unter den Früchtetees. Ihre knackige Schale ist reich an Vitamin C, absolut familienfreundlich und bei Groß und Klein gleichermaßen beliebt. Die hübsche Frucht des Rosengewächses trifft man bei uns im Sommer häufig an. Und wenn sie nicht im Tee landet, ist sie auch für andere Späße zu haben: Mit den kleinen Nüsschen aus ihrer Frucht hilft sie Kindern gern als Juckpulver bei Streichen aus.

👄 **So schmeckt sie**: Ihr Aufguss bringt eine helle, rötliche Farbe in Deine Tasse und sorgt für einen lieblichen, säuerlich-fruchtigen Geschmack. Das macht sie zum echten Allrounder in Teemischungen.

💧 **Das braucht sie**: Die Hagebutte liebt ein langes Bad im kochend heißen Wasser. Du solltest sie also zwischen 4–8 Minuten ziehen lassen und sie dabei nicht stören.

♥ **Die mag sie**: In einer Früchteteebasis ist sie eine absolute Bereicherung, aber auch in Kräuterteemischungen ist die liebenswerte Hagebutte ein gern gesehener Gast.

5 CUPS-TIPP

PATRICK: Die Erdbeere wurde schon von unseren Vorfahren in der Steinzeit vernascht und hat die großen Füße des Mammuts überlebt. Alt, aber sexy. Gefriergetrocknete Erdbeeren sind eine Wucht und geben im Aufguss ein intensives Aroma ab, das mit der konventionell getrockneten Frucht nicht zu vergleichen ist. Sei vorsichtig beim Mischen, denn sie pulverisiert ganz schnell. Du bekommst sie im Bioladen. Mit den Himbeeren ist es genauso.

APFEL

▶ **Das ist er**: Der pausbäckige Apfel ist auf der ganzen Welt zu Hause. Dabei hat er tausend verschiedene Sorten parat, sodass er wirklich jedermanns Geschmack trifft. Ganz egal, ob man den Apfel besonders süß oder eher sauer zu schätzen weiß, seine Vielfältigkeit kennt einfach keine Grenzen. Ob als Obst, Mus, Tee oder Wein, der lustige Apfel findet auf jeden Fall seinen Weg auf unsere Teller bzw. in die Tasse.

👄 **So schmeckt er**: Getrocknete Apfelstücke geben Deinem Tee eine milde, süße Fruchtigkeit und einen sanften Apfelduft.

💧 **Das braucht er**: Der freche Apfel sollte 5–10 Minuten in kochend heißem Wasser ziehen, damit er sein Aroma voll und ganz an Deinen Tee abgeben kann.

♥ **Die mag er**: Mit Minze verträgt sich der Apfel besonders gut und auch mit der Hagebutte und den Hibiskusblüten funktioniert das Zusammenspiel wunderbar. Diese drei sind eine unschlagbare und kräftige Früchteteebasis, die Du mal probieren solltest.

ORANGENSCHALE

▶ **Das ist sie**: Die Orange fühlt sich im Süden so richtig wohl. Und weil sie so fantastisch schmeckt, ist sie heute die am häufigsten gehandelte Zitrusfrucht der Welt. Ihre Schale ist reich an ätherischen Ölen, die sie gern in den Geschmack eines leckeren Tees investiert. Das funktioniert mit getrockneten Schalen besonders gut. Trocknest Du sie selbst, achte unbedingt darauf, dass die Schale unbehandelt und damit frei von chemischen Zusätzen ist.

👄 **So schmeckt sie**: Das süß duftende Zitrusaroma der Orange ist sicherlich allen wohlbekannt. Ihre Schalen geben ätherische Öle mit süßem bis bitterem Aroma in den Teeaufguss ab. Wie ein Sommertag in der Tasse!

💧 **Das braucht sie**: Orangenschale wird mit kochend heißem Wasser übergossen und zieht 4–8 Minuten, bis sie ihren Geschmack in den Tee abgegeben hat.

❤ **Die mag sie**: Orangenschale macht sich toll in jedem Früchtetee und geht mit Zimt eine wohlschmeckende Liaison ein.

INGWER

▶ **Das ist er**: Die Kraft des weisen Ingwers liegt in seinem Wurzelstock. Zugegeben, er findet das manchmal etwas schade, weil niemand seine wirklich schönen Blüten beachtet. Aber er freut sich auch sehr über seinen prächtigen Ruf als Gewürz- und Heilpflanze, der ihn auf der ganzen Welt zu einem beliebten Gast in den Küchen gemacht hat. Frisch geschnitten entfaltet er sich am besten, doch selbst getrocknet bringt er noch ordentlich Schärfe in die Tasse. Auch bei uns triffst Du ihn in jedem Supermarkt im Gemüseregal.

👄 **So schmeckt er**: Der wunderbare Ingwer spielt mit seiner Schärfe und ist ein sehr würziger und aromatischer Zeitgenosse, der Dich mit seiner leicht herben Note bestechen wird.

💧 **Das braucht er**: Übergieße den getrockneten oder frischen Ingwer mit kochendem Wasser und lasse ihn mindestens 5 Minuten ziehen.

❤ **Die mag er**: Ingwer kommt mit allen gut aus, aber so richtig super passt er mit Lemongrass und Minze zusammen. Aber auch im fruchtigen Gespann mit Äpfeln, Zitronen- oder Orangenschale zeigt er sich sehr gern. Andere Gewürze wie Anis, Zimt oder Kardamom sowie Süßholz kleiden ihn in ein winterliches Gewand. Von Honig fühlt sich unser Ingwer sehr geschmeichelt und er mag es auch, wenn er Dich in einem Eistee erfrischen darf. Da lacht er, denn Ingwer im Eistee, damit hättest Du doch nicht gerechnet, oder?

ZIMT

▶ **Das ist er**: Der feine Zimt wohnt versteckt in der Rinde seines immergrünen Zimtbäumchens. Er ist bereits im späten 15. Jahrhundert aus Sri Lanka nach Europa gelangt und konnte schnell als wertvolles Gewürz überzeugen. Seine Einzigartigkeit hat bis heute nicht an Glanz verloren. Für Teemischungen kaufst Du am besten ganze Stangen und zerkleinerst sie.

👄 **So schmeckt er**: Jeder kennt den präsenten und intensiven Geschmack von Zimt. Er hat einfach eine unverwechselbare Note. Sein Geruch erinnert an eine Weihnachtsbäckerei oder noble Crêpes und schenkt Dir ein Stück Winterwärme, selbst mitten im Sommer.

🔴 **Das braucht er**: Zimt liebt ein ausgiebiges Bad im kochenden Wasser. Lässt Du ihn 4 – 8 Minuten ziehen, schenkt er Dir richtig viel von seinem unvergleichlichen Aroma.

❤ **Die mag er**: Zum Mischen mit Früchtetees und Rooibos ist Zimt wunderbar geeignet. Aber auch als Teil einer Gewürzmischung zu schwarzem Tee ist er unschlagbar.

GEWÜRZE SIND DIE HEIMLICHEN STARS IN TEE-MISCHUNGEN.

KARDAMOM

▶ **Das ist er**: Er stammt aus dem asiatischen Raum und ist vor allem als Gewürz äußerst beliebt. Dabei verwendet man seine hocharomatischen Samen, die reich an ätherischen Ölen sind und auch für den grandiosen Geschmack in Deinem Tee sorgen.

👄 **So schmeckt er**: Der kräftige Kardamom ist mit dem Ingwer verwandt und das schmeckt man auch. Er ist zwar nicht so scharf wie sein wurzeliges Familienmitglied, dafür aber umso aromatischer.

🔴 **Das braucht er**: Kardamomsamen solltest Du mit kochendem Wasser aufbrühen und 4 – 8 Minuten ziehen lassen, so kommt ihre volle Würze herrlich zur Geltung.

❤ **Die mag er**: Er hat die Gabe, einen Tee schon mit kleinen Mengen zu verzaubern. Schwarzer und grüner Tee werden würzig aufgepeppt, aber auch Früchtetees vertragen seine Würze ganz hervorragend. Kardamom ist zusammen mit Nelken und Zimt im köstlichen indischen „Masala Chai" ein absolutes Muss.

HAST DU WAS IM TEE?

Die Inhaltsstoffe Deiner Aufgüsse

DIE GESCHMACKSBANDBREITE VON TEE IST SCHIER UNENDLICH. HINTER
FEINEN NOTEN LASSEN SICH AUCH GANZ FEINE INHALTE ENTDECKEN. DIE
WICHTIGSTEN UND BEKANNTESTEN STOFFE UND WAS SIE MIT DIR MACHEN,
STELLEN WIR DIR HIER VOR.

HALLO! WACH! TEIN UND KOFFEIN

Tein (sprich: Tee-ihn) ist der bekannteste
Wirkstoff der Teepflanze und macht wach.
Nicht ganz so bekannt ist allerdings, dass es
sich bei Tein um die gleiche chemische Sub-
stanz handelt wie beim Koffein. Das Koffein
des Tees wird allerdings an Gerbstoffe ge-
bunden. Dadurch nimmt es Dein Körper viel
langsamer auf, wodurch er nicht in einen
heißen Stresszustand versetzt wird wie nach
einem doppelten Espresso. Nein, man wird
entspannter aufgeweckt und die Wirkung hält
über längere Zeit und in harmonischer Weise
an. Vielleicht wird deshalb von Tein gesprochen.
Es ist dennoch dasselbe. Koffein ist in schwarzem, grünem und weißem Tee enthalten. Im
Oolong, im Pu-Erh und in Mate ebenfalls.

Die Annahme, dass Tee bei kurzer Ziehzeit
anregend ist und bei langer Ziehzeit beruhigend wirkt, kommt daher, dass sich das Koffein
größtenteils zu Beginn des Brühvorgangs aus
den Teeblättern löst, die Gerbstoffe aber erst
bei längerer Ziehzeit austreten. Die bitteren
Gerbstoffe binden Koffein und schmälern seine
unmittelbare Wirksamkeit. Sprich: Kurz ge-
brühter Tee macht wach. Wie sich der Koffeingehalt bei langen Ziehzeiten nun ganz genau
verändert und wie er dann wirkt, darüber
streitet die Wissenschaft immer noch. Da hilft
wohl nur der Selbstversuch.

Unser Fazit: Tein rockt!

ENTSPANN' DICH. DAS THEANIN

„Hä? Hatten wir das nicht gerade?" Nein.
Das war das Tein. Theanin ist sein Gegenspieler.
Ihm wird eine beruhigende und entspannende
Wirkung zugeschrieben und es soll sogar einen
positiven Effekt auf die geistige Leistungsfähig-
keit haben. Durch beide Wirkstoffe macht Tee
entspannt wach und beruhigt Deine Nerven
zur selben Zeit.

Außerdem ist das Theanin mit für den herzhaften Geschmack im grünen Tee verantwortlich, den man in Japan auch „umami" nennt.
In Schwarztee wird Theanin teilweise durch den
Herstellungsprozess abgebaut, wohingegen es
im grünen Tee erhalten bleibt. Deshalb brüstet
der sich wohl auch damit, der Entspanntere
von beiden zu sein.

PLATZ DA! DIE ANTIOXIDANTIEN

Antioxidantien. Sie tun viel Gutes. Sie sind überall. Sie sind die Stars der Wellness und sorgen für Furore, sollen sie doch zellschädigenden, oxidativen Stress verringern und dadurch den Alterungsprozess bremsen. Aber was ist denn das überhaupt?

Oxidativer Stress entsteht durch ein Übermaß an freien Radikalen, die sich im Körper frei bewegen. Diese bilden sich unter anderem durch äußere Einflüsse, wie UV-Strahlung, Smog oder ungesundes Essen und Rauchen. Sie werden aber auch von unserem Körper auf ganz natürliche Art und Weise gebildet, denn man kann halt nicht ewig jung bleiben.

Die freien Radikale sind hochreaktive Sauerstoffverbindungen, denen ein Elektron fehlt. Das macht sie so angriffslustig und versetzt sie in die Lage, auf dem Weg durch unsere Blutbahn andere Molekülverbindungen in unserem Körper zu schubsen und aufzubrechen, die dann ihrerseits zu freien Radikalen werden. Eine Kettenreaktion an Radikalität, die unsere Zellen bildlich gesprochen „rosten" lässt und sogar die DNA schädigen kann. Diesen ganzen Vorgang, der ein bisschen an ein Punkkonzert erinnert, nennt man oxidativen Stress. Antioxidantien gelten als Radikalfänger und sollen den hochreaktiven Sauerstoffverbindungen den Garaus machen.

Und an dem Punkt entfaltet der Tee seine Magie und spielt seinen Trumpf aus, denn zu seinen sekundären Pflanzenstoffen zählen so einige, die mit sehr hohen Anteilen von Antioxidantien punkten können. Das macht Tee zu einem Radikale-Bändiger.

SO VIEL GUTES STECKT IM TEE.

NATÜRLICHE STARS

Doch wie das Koffein sind auch Antioxidantien nicht nur in der echten Teepflanze enthalten, sondern noch in anderen Blättern zu Hause. Der südamerikanische Mate-Strauch kann zum Beispiel beides vorweisen. Das macht Grüntee und Mate zu einem beliebten Duo, wenn es ums Entschlacken oder Entgiften geht, was man auch als „Detox" kennt.

Für so richtig Rock 'n' Roll sorgst Du in Deiner Kanne, wenn Du die Detox-Stars noch mit weiteren Kräutern, Früchten und Blüten mischst. Der Vielfalt von Inhaltsstoffen und deren viel beschworenen, positiven Wirkungen auf Geist und Körper sind durch die Kombinationsmöglichkeiten schier keine Grenzen gesetzt. Dabei kannst Du gerne auch über den Tellerrand der klassischen Heilpflanzen wie Kamille, Salbei und Thymian hinausschauen und in noch exotischere Zutatengefilde eintauchen. Denn auf dem Markt der Kräuter, Früchte und Blüten wimmelt es nur so von ätherischen Ölen und zahlreichen anderen Stoffen, welche in der Naturmedizin traditionell gegen Husten und Erkältungen, gegen Bauchschmerzen und Unruhe, gegen Entzündungen und allerlei andere unerwünschte Beschwerden eingesetzt werden.

Oder Du machst Dir erst einmal eine Tasse Tee und entspannst Dich.

HERR OBER,

die Teekarte bitte

FRÖHLICHE REZEPTE FÜR TEE IN SEINEN
SCHÖNSTEN FARBEN UND FORMEN. VON HEISS
BIS EISKALT, VON KURZ BIS BESCHWIPST.
VERDURSTEN IST BEIM AUSPROBIEREN AUS-
GESCHLOSSEN.

DAS ZEUG ZUM MISCHEN
Teemischungen selbst herstellen

MIT NUR WENIG AUSSTATTUNG KANNST DU EINEN LIEBLINGSTEE NACH DEM ANDEREN MISCHEN. ACHTUNG! DAS KÖNNTE EIN NEUES HOBBY WERDEN. WIR WOLLEN DICH NUR GEWARNT HABEN.

[a] TEEZUTATEN Schwarzer, Grüner, ein paar getrocknete Kräuter und Früchte ... je mehr Du hast, desto größer wird der Spaß beim Mischen. Achte auf eine hohe Qualität jeder einzelnen Zutat: am besten Bio. Und achte darauf, dass keine Einzelzutat zu temperamentvoll ist. Ein starker Geschmack überlagert den der anderen Mischzutaten zu sehr.

[b] WAAGE Eine Küchenwaage geht. Teurere Waagen, die 2,1 g von 2,2 g unterscheiden können, sind allerdings besser. Damit kannst Du Zutaten sehr präzise für kleine Teemischungen abwiegen. Und Präzision ist gut. Glaub uns.

Wenn Du keine Waage hast, dann arbeite mit Teelöffelanteilen. Da das Volumen und Gewicht der Zutaten sehr unterschiedlich ist, funktioniert diese Methode nur grob. Aber besser so, als gar nicht anzufangen.

[c] MISCHBEHÄLTER Ein Cocktailshaker ist das perfekte Werkzeug zum Mischen. Sind alle Zutaten abgewogen und im Shaker, zieh Dein Shirt aus und beginne mit der Show. Hör auf, bevor Du zu schwitzen anfängst. Jetzt ist alles gut gemischt. Geht auch mit Shirt.

Alternativ geht jede gut verschließbare Dose, die Du kräftig schütteln kannst. Die Teezutaten zum Mischen nur umzurühren ist in den meisten Fällen nicht ausreichend.

AUFGEMISCHT
Sag ja zu Mischverhältnissen!

ABWIEGEN, MISCHEN UND IN HÜBSCHE TÜTCHEN ODER DOSEN VERPACKEN.
ZIEMLICH EINFACH SO EIN SELBST GEMISCHTER TEE. NUR BEIM MISCHEN
MUSST DU GENAU SEIN.

KONZENTRATION

Arbeite beim Zusammenstellen Deiner Teemischung so genau wie möglich und notiere
Dir die verwendeten Zutaten und Mengen
akribisch. So kannst Du jede Mischung später
einfach abwandeln und nach Deinem Geschmack optimieren.

MATHE MIT GRAMM UND TEELÖFFELN

Entscheide zuerst, ob Du 100 g oder 50 g von
einer Mischung zusammenstellen willst. Das
ist einfacher und exakter, als eine kleine Menge
Tee für nur eine Kanne zu mischen. Von Gewürzen beispielsweise braucht man oft so wenig,
dass man sie für Mengen unter 50 g gar nicht
so präzise, wie es nötig ist, abwiegen kann.

Dann erstellst Du für Deine Teemischungs-
idee eine Zutatenliste mit den ungefähren
Mengenverhältnissen jeder Zutat und rechnest
schließlich noch das Gewicht dazu aus. Bei
den Rezepten für Teemischungen ab Seite 42
kannst Du Dir das abgucken. Neben der
Mengenangabe für eine 50-g-Teemischung ist
bei jedem Rezept zusätzlich der prozentuale
Anteil einer Zutat in Klammern notiert. So
kannst Du ganz leicht auf 100 g, 200 g oder –
wenn die Mischung richtig gut ist – auf eine
ganze Tonne genau mischen.

BITTE MISCHEN

Gib die einzelnen Zutaten in der richtigen
Menge nacheinander in Deinen Mischbehälter.
Änderst Du Mengenanteile, korrigiere sie unbedingt auch in Deinen Notizen. Den Behälter
sehr gut schließen und für eine Minute kräftig
durchschütteln. Die Teezutaten sind dann
richtig gut gemischt, wenn sie alle auf einem
Teelöffel wiederzufinden sind. Feuchte Bestand-
teile wie Aromen erst am Ende hinzufügen
und erneut mischen.

HUSCH INS DÖSCHEN

Tee lüftet schnell aus, darum muss das
Teearoma in luftdichten Dosen, Tüten oder
anderen Behältern geschützt werden (mehr
dazu findest Du auf Seite 60/61). Beschrifte
die Dose mit den Zutaten und Mengenverhältnissen. Ziehzeit und Wassertemperatur
solltest Du auch notieren – sie ergeben sich
durch die sensibelste Zutat Deiner Mischung.
Ist zum Beispiel grüner Tee enthalten, richtet
sich das Aufbrühen nach ihm.

Jetzt fehlt nur noch ein lustiger Name
für Deine Kreation! Ideen für selbst gemachte
Verpackungen findest Du ab Seite 130.

IT'S TEA TIME!
Setz' das Wasser auf!

NACH DEM MISCHEN KOMMT DER GENUSS. DEIN TEE KANN ES GENAUSO WENIG WIE DU ERWARTEN, PROBIERT ZU WERDEN. WAS DU FÜR EINEN AUFGUSS UND ZUM SERVIEREN BRAUCHST, VERRATEN WIR DIR HIER.

[a] **WASSERKOCHER** Er sollte am besten aus Metall sein, denn Kunststoff ist nicht immer geschmacksneutral. Achte auf eine hohe Wattzahl, damit Du ruck, zuck heißes Wasser hast. Bei manchen Geräten kann man die Temperaturen voreinstellen. Dann aber immer nur ganz frisches Wasser benutzen. Aber das solltest Du sowieso.

[b] **TEEKANNE** Sicher ist, Du brauchst eine. Die Auswahl ist riesig, die Unterschiede sind groß. Zur Basisausstattung gehört eine kleine japanische Grünteekanne (kyusu), mit der Du etwa zwei Tassen aufbrühen kannst – ein gutes Maß, wenn Du viel ausprobieren willst. Leg Dir für größere Runden zusätzlich noch eine zweite größere Porzellankanne für 1–1,5 l zu.

[c] **TASSEN** Neben Tassen gibt es Schalen und Gläser in allen Formen und Farben. Je feiner und reiner ein Tee ist, desto feiner und dünnwandiger sollte auch das Material sein. Wir finden es schön, die Farbe des Aufgusses sehen zu können, daher benutzen wir oft Gläser aller Art. Zum Probieren sind flache Gläser und Schalen geeignet.

[d] **TEESIEB** Je größer und tiefer es ist, desto besser, damit der Tee sich darin ausbreiten kann. Abes es muss natürlich in Deine Kanne passen.

Nach Ablauf der Ziehzeit kannst Du das Sieb mit dem Teesatz ganz einfach entfernen. Alternativ gießt man den Aufguss beim Ausschenken durch ein kleines Einhängesieb.

[e] **TEEFILTER** Dünne Papierfilter findest Du in verschiedenen Größen im Supermarkt oder in Drogerien. Dicke solltest Du gar nicht erst kaufen. Tee hat im Filter viel Platz, sich zu entfalten, Geschmack abzugeben, und kann samt Filter direkt kompostiert werden.

[f] **TEE-EI** Praktisch für eine einzelne Tasse und müllsparend. Tee-Eier sind aber oft nicht durchlässig genug, und weil der Tee auf kleinem Raum eingeengt wird, sind sie kleine Geschmacksbremsen. Klemmsiebe sind da etwas besser, aber auch nicht erste Wahl.

[g] **TEELÖFFEL** Verwende pro Tasse ca. 3 g Tee. Das entspricht in etwa 1 gut gefüllten Teelöffel, bei fluffigen Kräutern sind es 2 Teelöffel. Pro Kanne (1 l) solltest Du 4–5 gehäufte Teelöffel (12–15 g) Tee, bei den kleinen kyusu-Kannen 2 Teelöffel (5 g) Tee berechnen.

[h] **THERMOMETER** Einige Teesorten verlangen nach exakten Wassertemperaturen. Dafür gibt es stylische Teethermometer. Ein Bratenthermometer tut's aber auch, um 60, 80 oder 90 °C heißes Wasser zu bestimmen.

5 CUPS-TIPP

INGO: Tee mag weiches Wasser (ja, genau wie Deine Waschmaschine!). Benutze am besten nur gefiltertes Wasser – der Geschmacksunterschied ist enorm. Dein Kocher dankt es Dir mit weniger Kalkablagerungen. Natürlich kannst Du auch Mineralwasser zum Teebrühen benutzen. Hast Du nur hartes Wasser, dann musst Du ab jetzt Saft trinken ... kleiner Scherz.

5 CUPS-TIPP

ANDRÉ: Dieser Grüntee-Mate-Mix mit Minze ist auch ein erstklassiger Eistee. Einfach über Eiswürfeln runterkühlen und mit Säften verfeinern. Perfekt für den Sommer auf dem Balkon.

KAISERLICH
hell und klar!

GRÜNER TEE IST GESCHMACKLICH SEHR FEIN. FRISCHE UNTERSTÜTZUNG BEKOMMT ER HIER VON MINZE, LEMONGRASS UND MATE. SO VIEL GESCHMACKSVOLUMEN HAST DU VON EINEM GRÜNEN BESTIMMT NICHT ERWARTET.

Für 50 g Teemischung

30 g (60 %) China Sencha (Grüntee)

5 g (10 %) Mate

5 g (10 %) Minze

5 g (10 %) Lemongrass

5 g (10 %) Zitronenschale

Los geht's

Alle Zutaten kräftig mischen. 1 l Wasser aufkochen und auf 80 °C abkühlen lassen. Etwa 15 g der Mischung in ein Teesieb oder einen -filter geben, aufbrühen und in einer Kanne 2 – 3 Minuten ziehen lassen. Teesatz entfernen. In einem Glas oder einer weißen, dünnwandigen Porzellantasse servieren. Unbedingt mehrere Aufgüsse probieren! Der Geschmack zeigt dann eine interessante Veränderung.

Und dann?

China Sencha und Mate enthalten Koffein und geben Dir einen sanften Energiekick, damit du mit klarem Kopf durchstarten kannst. Gleichzeitig versorgen Sie Dich mit einer vollen Ladung Antioxidantien. Alle anderen Zutaten sorgen für Erfrischung und einen sehr vollen Geschmack.

Some sugar?

Es eignen sich leichte Süßmittel, wie Sirup, Melasse oder milder Honig.

AUCH LECKER | DER FRISCHE KAISER Du kannst statt getrockneter Minze, Zitronenschale und getrocknetem Lemongrass auch wunderbar die frischen Varianten davon verwenden. Dadurch bekommt der Grundgeschmack des Tees eine luftig-spritzige Note. Aber beachte: Du brauchst von den frischen Zutaten jeweils die dreifache Menge.

EIN BURSCHE
mit Geschmack

SCHWARZE TEES SIND KRÄFTIG UND ETWAS HERB. HIER WIRD ZWEI KLASSISCHEN SCHWARZEN DURCH DREI WEITERE ZUTATEN RICHTIG LEBEN EINGEHAUCHT. ETWAS KECK UND AUFREGEND.

Für 50 g Teemischung

20 g (40 %) Darjeeling, first flush

15 g (30 %) Assam, second flush

10 g (20 %) Minze

2,5 g (5 %) Rosenblüten

2,5 g (5 %) Zimt

Los geht's

Alle Zutaten kräftig mischen. 1 l Wasser zum Kochen bringen, 12 g der Mischung in ein Teesieb oder einen -filter geben, aufbrühen und in einer Kanne 3 – 5 Minuten ziehen lassen. Teesatz entfernen. In einem feinen Glas oder einer soliden Porzellantasse servieren.

Und dann?

Diese goldene Teemischung hat das Zeug dazu, dem morgendlichen Kaffee Konkurrenz zu machen. Die beiden Schwarztees haben einen hohen Koffeingehalt. Der blumige Darjeeling bestimmt das Ensemble und der Assam gibt der Mischung ordentlich Kraft. Die malzig-herbe Note der Schwarztees wird aufgefrischt durch Minze. Rosenblüten verstärken den blumigen Duft und Zimt gibt der Mischung das gewisse Etwas. Da springt man umso fröhlicher aus dem Bett zum Frühstückstisch. Für schöne Morgenstunden und herrliche Kuchenmomente.

Some sugar?

Es eignen sich Kandis, herber Honig, Karamellsirup und Melasse für die süße Würze.

AUCH LECKER | BISSEL OSTFRIESISCH! Die Minze weglassen und nach dem Ziehen in der Tasse mit „Kluntje" und „Wölkchen" (Kandis und Sahne) verfeinern. Wie ein Spaziergang an der Nordsee mit Sonnenschein.

5 CUPS-TIPP

EIKE: Statt selbst zu mischen, kannst Du Deine Rezeptur auch im Teeladen abgeben oder online bestellen. Auf 5cups.de kann man die Zutatenanteile selbst anpassen und bekommt alles hübsch verpackt nach Hause.

5 CUPS-TIPP

MORITZ: Bist Du auf den maximalen Koffein-Kick aus, solltest Du die Teemischung nicht länger als 3 Minuten ziehen lassen. Zieht er länger, lösen sich mehr Gerbstoffe aus dem schwarzen Tee und binden das Koffein, sodass der Wachmach-Effekt sanfter ausfällt.

TANTE SHANTI

wach und flink

SCHWARZER TEE UND MATE SORGEN FÜR EINEN ZACKIGEN ENERGIESCHUB. BEIDE BRINGEN EINIGES AN KOFFEIN MIT UND DIE GEWÜRZE ZAUBERN EINEN HAUCH VON INDIEN IN DEINE TASSE.

Für 50 g Teemischung

16 g (32 %) Mate

13,5 g (27 %) Assam, möglichst second flush

7,5 g (15 %) Minze

6 g (12 %) Zimt

3 g (6 %) Rosenblüten

2,5 g (5 %) Kardamom

1,5 g (3 %) Nelken

Los geht's

Alle Zutaten kräftig mischen. Etwa 15 g der Mischung in ein Teesieb oder einen -filter geben und mit 1 l kochendem Wasser in einer Kanne aufgießen, 3–5 Minuten ziehen lassen. Teesatz entfernen. In einem dicken Longdrinkglas oder einer kräftigen Porzellantasse servieren.

Und dann?

Du wirst den Tag kraftvol. beginnen! Diese Mischung steht Dir auch mit halb geschlossenen Augen zur Seite und weckt Schluck für Schluck erst Deinen Geschmack und dann Dein Bewusstsein. Der knackige Assam und die südamerikanischen Mate sind als Wachmacher ein unschlagbares Power-Duo. Minze macht den Kopf frisch und frei. Probiere statt getrockneter Minze auch mal die dreifache Menge vom frischen Kraut. Dann am besten als allerletztes – nach dem Aufguss – in die Kanne geben. Zimt, Rosenblüten, Kardamom und Nelken geben diesem Tee einen so aufregenden Geschmack, dass man es kaum erwarten kann, die zweite Tasse zu trinken. Tante Shanti liebt Milch und verdient als Eistees das Prädikat „Wow! Geil!"

Some sugar?

Es eignen sich kräftige und würzige Süßmittel wie Kandis, Rohrzucker, dunkle Melasse und Honig.

AUCH LECKER | CHAI Hier werden die Tees, Kräuter und Gewürze erst während der Zubereitung gemischt. Dafür in einem Topf 1 l Wasser zum Kochen bringen. Die Gewürze in einen Teefilter füllen, mit Küchengarn zubinden und in das köchelnde Wasser hängen. Nach 10 Minuten den Topf vom Herd nehmen und die Gewürze entfernen. Assam, Mate, Rosenblüten und Minze dazugeben und 3–5 Minuten ziehen lassen. Den Tee zum Schluss durch ein Sieb in eine Kanne gießen und nach Geschmack mit einem Schuss Milch und 1 TL Honig verfeinern.

EINE DUFTE
Gesellschaft

EIN AROMATISCHER FRÜCHTETEE BRAUCHT VOR ALLEM HIBISKUS. MIT APFEL, HAGEBUTTEN UND LEMONGRASS ENTSTEHT DARAUS EIN TOLLES FARBENSPIEL, DAS SCHON VOR DEM AUFGUSS EINE WUCHT IST.

Für 50 g Teemischung

1 Vanilleschote

17,5 g (35 %) Apfelstücke

7,5 g (15 %) Hibiskusblüten

5 g (10 %) Hagebutten

5 g (10 %) Rooibos

5 g (10 %) getrocknete Südsee-früchte (z. B. Mango, Ananas)

5 g (10 %) Lemongrass

2,5 g (5 %) Rosenblüten

2,5 g (5 %) Ringelblumenblüten

Los geht's

Die Vanilleschote längs aufschneiden und das Mark mit dem Messer-rücken aus der Schote kratzen. Zuerst Vanillemark, Apfelstücke, Hibiskusblüten, Hagebutten, Rooibos und die Südseefrüchte kräftig mischen. Dann die restlichen, viel leichteren Zutaten (Lemongrass, Rosen- und Ringelblumenblüten) dazugeben und erneut vermengen. 1 l Wasser aufkochen, 15 g der Mischung in ein Teesieb oder einen -filter geben, aufbrühen und in einer Kanne 7 – 10 Minuten ziehen lassen. Teesatz entfernen. In einem schönen Henkelteeglas oder einer großen weißen Porzellantasse servieren.

Und dann?

Dieser Früchtetee entwickelt eine tiefrote Farbe und duftet herrlich nach Vanille. Schmeckt er Dir zu säuerlich, dann reduziere die Hibis-kusblüten. Mehr Fruchtsüße kannst Du mit 1 frischen Scheibe Saft-orange hinzuzaubern. Die Mischung enthält kein Koffein und passt zum Kindergeburtstag genauso gut wie zum eleganten Kuchennachmittag. Als Eistee, verfeinert mit Apfelsaft und einem Quäntchen Zucker, ist er eine fröhlich-süße Erfrischung. Ach, und eigentlich kann man die dufte Gesellschaft immer und überall trinken.

Some sugar?

Honig sollte die erste Wahl sein. Fruchtsirup und Rohrzucker passen aber auch gut.

5 CUPS-TIPP

INGO: Statt einer Vanilleschote kannst Du auch Vanillearoma verwenden. Das findest Du im Supermarkt bei den Backzutaten. Oder besser: natürliches Vanillearoma aus dem Bioladen. Füge das Aroma Deiner Mischung als Letztes tröpfchenweise hinzu und verwende erstmal nur ganz wenig, maximal 1 g auf 50 g Tee.

5 CUPS-TIPP

PATRICK: Diese Früchtetee-mischung entfaltet ihren würzigen Geschmack am stärksten, wenn sie lange ziehen kann. Ganz besonders gut und aromatisch wird der Tee, wenn die Mischung für gut 5 Minuten im sprudelnden Wasser kocht, bevor sie dann zu Ende zieht.

GLÜHROLLER
Würzschmeck

DU MAGST GLÜHWEIN, KANNST ABER AUFS GLÜHEN VERZICHTEN? PROBIERE UNSERE ALKOHOLFREIE VARIANTE DES WINTERKLASSIKERS. BESTIMMT LÄSST DICH SEIN GESCHMACK TROTZDEM GLÜHEN – VOR FREUDE.

Für 50 g Teemischung

10 g (20 %)	Apfelstücke
10 g (20 %)	Hagebutten
9 g (18 %)	Orangenschale
7,5 g (15 %)	Hibiskusblüten
6 g (12 %)	Zimt
2,5 g (5 %)	Nelke
2,5 g (5 %)	Kardamom
2,5 g (5 %)	Ingwer

Los geht's

Alle Zutaten kräftig mischen. Etwa 15 g in ein Teesieb oder einen -filter geben, mit 1 l kochendem Wasser in einer Kanne aufgießen und 7–10 Minuten ziehen lassen. Teesatz entfernen. In einer dunklen, dickwandigen Porzellantasse mit einem Orangenscheibchen servieren.

Und dann?

Nach einem langen Spaziergang durch den Schnee wird Dich diese leckere Früchteteemischung wieder auftauen. Kalte Hände und Füße sind im Nu vergessen, sobald Dir der wohlige Duft von Frucht, Orange und Zimt in die Nase strömt. Ein Hauch von Nelke, Kardamom und Ingwer geben dem Tee die richtige Würze und entführen Deine Gedanken sofort in Richtung Weihnachten: Plätzchenbacken? Dann los! Wenn es doch mehr glühen soll, wird aus dem Glühroller mit einem Schuss Rum ein erstklassiger Punsch.

Some sugar?

Rohrzucker und Honig passen sehr gut. Klassischer weißer Zucker und Kandis sind etwas feiner.

AUCH LECKER | GLÜHWEIN Etwa 15 g der Mischung in einen Teefilter füllen und mit Küchengarn zubinden. Das Teesäckchen mit 1 l Rotwein in einen Topf geben und nach Belieben mit 1 Sternanis und noch mehr Zimt (1 Zimtstange) würzen. Den Wein langsam erhitzen – er darf nicht kochen – und die Teemischung und die Gewürze etwa 10 Minuten darin ziehen lassen. Zum Schluss mit Rohrzucker oder Honig abschmecken.

DIE HÜBSCHE GRÄFIN
und der Süden

OMI MAG ROOIBOS. DU NICHT? DOCH! DENN MIT KAKAO- UND ZITRUSNOTEN WIRD AUS OMAS LIEBLING EIN FANCY TEA BLEND, DER VOLLER GESUNDER INHALTSTOFFE IST. GENERATIONSÜBERGREIFEND GUT.

Für 50 g Teemischung

16,5 g (33 %) Rooibos

10 g (20 %) Kakaoschalen oder Kakao-Nibs (aus dem Bioladen; sind noch hochwertiger und intensiver als Kakaoschalen)

5 g (10 %) getrocknete Südseefrüchte (z. B. Mango, Ananas)

5 g (10 %) Lemongrass

5 g (10 %) Minze

5 g (10 %) Zitronenverbene

2,5 g (5 %) Jasminblüten

1 g (2 %) Kornblumenblüten

Los geht's

Alle Zutaten kräftig mischen. 15 g der Mischung in ein Teesieb oder einen -filter geben und in 1 l frisch gekochtem Wasser 5 – 8 Minuten ziehen lassen. Je länger der Tee zieht, desto kräftiger kommen die herben Kakaonoten zur Wirkung. In einer dicken Porzellantasse oder einem kräftigen Henkelglas servieren.

Und dann?

Dieser schöne Rooibos-Tee passt zu jeder Tageszeit. Kakao enthält geringe Mengen Koffein, die man vernachlässigen kann. Rooibos ist reich an Mineralstoffen und Vitamin C. Kakaoschalen geben der Mischung ein dezent schokoladiges Aroma – und das fast ohne Kalorien. Der Geschmack von Lemongrass und Zitronenverbene in Kombination mit den getrockneten Südseefrüchten lässt Deine Gedanken schnell in Richtung Karibik entschwinden. Das Ganze bekommt durch die Jasminblüten noch eine ganz besondere Note, die ein wenig an heiße Milch mit Honig erinnert.

Some sugar?

Honig! Alternativ Sirup oder Rohrzucker.

5 CUPS-TIPP

MORITZ: Frische Minze eignet sich hier nicht, da sie das Zusammenspiel der anderen Zutaten zu sehr dominiert. Ist Deine getrocknete Minze temperamentvoll, den Anteil besser gleich reduzieren. Statt der Minze kannst Du auch mit Vanille experimentieren.

5 CUPS-TIPP

PATRICK: Du kannst alle Kräuter durch frische ersetzen.
Verwende dann in etwa jeweils die dreifache Menge dafür.
Zusammen mit Honig macht dieser Geschmack fast süchtig.

 BABY
it's cold outside!

HALS KRATZT, NASE LÄUFT. TEEBEUTEL? NEE! GESCHMACKVOLLE KRÄUTERHELFER MÜSSEN HER, DAMIT DU WIEDER FIT WIRST. DIE SCHMECKEN NATÜRLICH AUCH AN TAGEN, AN DENEN DU DICH PUDELWOHL FÜHLST.

Für 50 g Teemischung

17,5 g (35 %) Melisse

10 g (20 %) Zitronenverbene

7,5 g (15 %) Kamillenblüten

7,5 g (15 %) Salbei

5 g (10 %) Fenchel

2,5 g (5 %) Lemongrass

Los geht's

Alle Zutaten kräftig mischen. 15 g der Mischung in ein Teesieb oder einen -filter füllen, mit 1 l kochendem Wasser in einer Kanne aufgießen und bis zu 10 Minuten ziehen lassen. Teesatz entfernen. In einer kleinen, weißen Porzellantasse servieren, damit jeder Schluck heiß bleibt.

Und dann?

Schlechtes Wetter kann Dich mal und die doofe Erkältung sowieso. Diese Kräuterteemischung duftet frühlingshaft. Da kommt glatt Sonne in die Tasse, denn gesunde Kräuter in der richtigen Mischung schmecken einfach toll. Salbei und Kamille sind genau das Richtige, wenn Du ein Kratzen im Hals spürst. Melisse ist beruhigend, sodass Du richtig gut schlafen kannst. Dieser Kräutertee ist zu jeder Tages- und Nachtzeit für Dich da, um Dich an sonnige Tage zu erinnern.

Some sugar?

Honig!

AUCH LECKER | ENTKRÄUTERN Statt Salbei, der manchen zu streng ist, kannst Du auch Thymian verwenden. Und wenn der Kräutergeschmack noch etwas milder sein soll, probiere Tulsi, indisches Basilikum, aus.

WAS SOLL ICH TRINKEN?

Tee ist die Antwort

JEDER TAG IST ANDERS. UND FÜR JEDEN TAG UND JEDE STIMMUNG GIBT'S DEN RICHTIGEN TEE. HIER EIN PAAR IDEEN AUS DEM LAND DER KLISCHEES MIT TEEMISCHUNGEN FÜR TYPEN UND SITUATIONEN.

HAST DU IDEEN FÜR STIMMUNGSTEES? SCHREIB UNS: MEINTEE@5CUPS.DE. WIR PROBIEREN ALLES!

MUNTERMACHER

Für 50 g Teemischung: 25 g (50 %) Assam, second flush, 15 g (30 %) Darjeeling, first flush, 3,5 g (7 %) Rosenblüten, 2,5 g (5 %) Mate, 2,5 g (5 %) Zimt, 1,5 g (3 %) Kardamom

Das braucht er: 2–3 Minuten bei 100 °C

Und dann? Die kräftige Schwarztee-Basis gibt Dir die nötige Dosis Koffein, um den Schlaf ganz schnell zu vertreiben. Mate hilft mit. Duftende Rosenblüten, Zimt und Kardamom sorgen für die positive Stimmung. Das wird auf jeden Fall ein schöner Tag.

Auch lecker: Mit Milch und Honig probieren!

MÄNNERTEE

Für 50 g Teemischung: 20 g (40 %) weißer Tee, 10 g (20 %) Mate, 10 g (20 %) Lapacho, 4 g (8 %) grob zerstoßener Pfeffer, 4 g (8 %) Schwarze Johannisbeeren, 2 g (4 %) Salbei

Das braucht er: 2–4 Minuten bei 100 °C

Und dann? Weißer Tee, Mate und Lapacho, die Rinde des Baums des Lebens, sorgen in diesem Tee für eine herb-kräftige und rauchige Note. Pfeffer bringt würzige Schärfe in das Herren-heißgetränk. Salbei und Johannisbeeren schleifen das Aroma rund. Nicht nur für harte Jungs, sondern auch für Frauenkehlen, die einen außergewöhnlich kräftigen Teegeschmack suchen.

Auch lecker: Noch mehr Western-Stimmung kommt auf, wenn der weiße Tee durch Lapsang Souchong, einen Rauchtee, ausgetauscht wird.

KUCHENTEE

Für 50 g Teemischung: 16 g (32 %) Rooibos,
6,5 g (13 %) Lemongrass, 6,5 g (13 %) Kaktusblüten,
6 g (12 %) Zitronenschale, 5 g (10 %) Rosenblüten,
5 g (10 %) Ingwer, 5 g (10 %) Apfelstücke
Das braucht er: 4–6 Minuten bei 100 °C
Und dann? Jetzt wird es richtig lecker. Allein
schon der Duft dieser Rooibos-Mischung sorgt
für einen entspannten Nachmittag. Muss nur
noch Kuchen her, egal welcher. Rooibos ist
koffeinfrei und begegnet fruchtig-süßlich den
Zitrusnoten und der sanften Ingwerschärfe
dieser Mischung.
Auch lecker: Mit Milch und Honig probieren!

SOMMERTEE

Für 50 g Teemischung: 10 g (20 %) Hagebutten,
10 g (20 %) Zitronenverbene, 7,5 g (15 %) Hibiskusblüten, 7,5 g (15 %) Apfelstücke, 7,5 g (15 %) Zitronenschale, 4 g (8 %) Heidelbeerblätter, 2 g (4 %)
Kamillenblüten, 1,5 g (3 %) Ringelblumenblüten
Das braucht er: 4–6 Minuten bei 100 °C
Und dann? Frisch und fruchtig Richtung Sommer: Heimische Kräuter und Blüten treffen
auf Apfel, Hagebutten und Heidelbeerblätter –
das Ergebnis ist ein fruchtiger Kräutertee.
Hibiskus sorgt für die rote Färbung und einen
frischen, leicht säuerlichen Geschmack, der
mit den Zitrusnoten gemeinsame Sache macht.
Gelbe Kamillen- und Ringelblumenblüten
strahlen wie die Sonne aus der Tasse. Wo geht's
zum Strand?
Auch lecker: An heißen Tagen mit reichlich
Eiswürfeln, einem Schuss Orangen- oder Apfelsaft probieren!

BETTHUPFERL

Für 50 g Teemischung: 11 g (22 %) Melisse,
9,5 g (19 %) Lemongrass, 8 g (16 %) grüne Minze,
6,5 g (13 %) Fenchel, 5 g (10 %) Rosenblüten,
4 g (8 %) Ringelblumenblüten, 3,5 g (7 %) Kamillenblüten, 2,5 g (5 %) Lavendelblüten
Das braucht er: 2–3 Minuten bei 100 °C
Und dann? Längst bettreif, aber noch nicht
entspannt genug? Egal, was Du noch vom Tag
mit Dir herumträgst, eine gute Tasse Tee wirkt
Wunder. Melisse, Lemongrass und Lavendel
beruhigen die Sinne mit ihren ätherischen Ölen.
Rosenblüten und Kamille steuern ihr schönes
Aroma bei. Richtig heiß vor dem Schlafengehen
getrunken, gibt es kaum eine bessere Vorbereitung für schöne Träume.
Auch lecker: Honig und Milch sollen auch für
süße Träume sorgen.

WINTERTEE

Für 50 g Teemischung: 10 g (20 %) Apfelstücke,
10 g (20 %) Hagebutten, 7,5 g (15 %) Hibiskusblüten,
7,5 g (15 %) Lemongrass, 5 g (10 %) Zimt, 4 g (8 %)
Tulsi, 3,5 g (7 %) Ingwer, 2,5 g (5 %) Kardamom
Das braucht er: 5–8 Minuten bei 100 °C
Und dann? Eine tolle, fruchtige Wintertee-
variante. Klassischer Früchtetee gewürzt mit
Winter-Feeling in Form von Zimt und Kardamom. Ingwer heizt schön ein. Tulsi, indisches
Basilikum, hat ein kräftiges Aroma mit feiner
Nelken-Note. Gemütlicher als mit diesem Tee
kann man einen Wintertag eigentlich nicht
verbringen.
Auch lecker: Frischen Ingwer und Orangenstücke
in den fertigen Tee geben.

TEE HAT
DICH LIEB.

DIESER DUFT!

Schütze das Aroma Deines Tees

TEE IST GAR NICHT SO EMPFINDLICH, VORAUSGESETZT, ER WIRD LIEBEVOLL BEHANDELT. EINE FALSCHE LAGERUNG KANN DEM TEEGENUSS ABER SCHNELL EIN ENDE BEREITEN. DOCH DU KANNST MEHR RICHTIG ALS FALSCH MACHEN.

ECHT KANN LANG, FRUCHT NUR KURZ

Je nach Sorte kann Dein Tee auch noch nach Jahren Dein Herz erfreuen – bei richtiger Lagerung. Echter Tee hält es besonders lange an Deiner Seite aus. Besondere Teespezialitäten, wie zum Beispiel der fermentierte Pu-Erh, reifen mit den Jahren und werden wie guter Wein sogar noch wertvoller. Kräuter und Gewürze mit ätherischen Ölen verlieren im Vergleich etwas schneller an Geschmack und werden mit dem Alter eher langweilig. Getrocknete Früchte sind generell nicht so lange haltbar und sollten, trotz guter Lagerung, innerhalb eines Jahres verbraucht werden. Außerdem liegen sie bei Schädlingen wie Motten und Brotkäfern besonders hoch im Kurs. Und die kommen einem gern zuvor, wenn Tee nicht richtig dicht verpackt ist und sein Duft verlockend durch die Küche zieht. Besonders schnell wollen aromatisierte Tees verbraucht werden. Die Haltbarkeit liegt hier bei nur etwa sechs Monaten.

GESCHMACK LEICHT BEEINFLUSSBAR

Ebenso wichtig wie der Schutz vor Aromaverlust ist der Schutz vor unerwartetem Aromabesuch, der absolut nicht in Deinen Tee gehört. Starke Gewürze und Kräuter in Deinem Küchenschrank können dem Geschmack milden Grüntees oder einer leckeren Früchteteemischung ganz schön in die Quere kommen, wenn man sie zu nah heranlässt.

So viel zum Warum. Jetzt aber zum Wie. Nehmen wir mal an, Du hast gerade Deinen neuen Lieblingstee entdeckt und davon eine ordentliche Menge gemischt. Nachdem Du freudestrahlend sofort zwei oder drei Tassen getrunken hast, stellst Du fest, dass noch ziemlich viel von Deinem Tee übrig ist. Wohin nun aber damit?

DER ORT

Der sollte trocken, kühl und vor allem dunkel sein und Deinen Tee vor Tageslicht und erst recht Sonne schützen. Achte außerdem darauf, dass Dein Tee nicht direkt neben Kaffee, Knoblauch, Zwiebeln, Gewürzen oder anderen duftenden Küchenbewohnern steht.

werden soll. Denn ätherischen Öle sind recht flüchtige Stoffe, die Kunststoff durchdringen können. Und sind sie einmal weg, schmeckt Dein Tee nicht mehr so, wie Du ihn liebst.

Besser eignen sich dafür gut verschließbare Behälter aus Porzellan oder Steingut. Glas ist ebenfalls sehr schön, denn so kannst Du Deinen Tee gleich in voller Pracht bewundern. Allerdings muss er dann in den Schrank, um nicht zu viel Licht abzubekommen. Apothekerflaschen aus braun getöntem Glas sind eine schöne Alternative dazu. Metalldosen gibt es auch in großer Auswahl. Sie sind sehr gut geeignet, wenn sie einen abgedichteten Deckel haben.

Wenn Du alte oder gebrauchte Gefäße benutzen willst, dann achte darauf, was vorher darin gelagert wurde. Ungesunde Stoffe, abblätternde Farbe, rostige Stellen usw. tun Deinem Tee und Deinem Geschmack nicht gut.

5 CUPS-TIPP

EIKE: Schöne Weckgläser kannst Du ganz einfach präparieren, damit Sonne Deinem Tee nichts anhaben kann: Häkle, stricke oder nähe einen Überzug und beschrifte ihn. Mit Bordüren, gemusterten Stoffen oder Farben kannst Du so für jede Deiner Mischungen einen individuellen „Sonnenschutz" anfertigen.

DAS MATERIAL

Materialien wie Papier, Pappe und Holz sind für eine trockene und dunkle Lagerung gut geeignet, vorausgesetzt das Material ist unbelastet und innen unbedruckt. Denn Tee nimmt aus seiner Umgebung schnell Stoffe auf, die zu Verunreinigungen führen können. Davor kann ein zusätzlicher lebensmittelechter Kunststoffbeutel schützen.

Verschließbare, lebensmittelechte Kunststoffdosen sichern Deinen Tee zusätzlich gut vor Feuchtigkeit und Küchengerüchen. Achte aber darauf, dass die Dosen frei von Weichmachern sind. Kunststoffbehälter sind eher ungeeignet, wenn Deine Teemischung reich an ätherischen Ölen ist und länger aufbewahrt

DAS GEHT AUCH?
Frische Zutaten im Wasserbad

FRISCHE KRÄUTER, FRÜCHTE UND BLÜTEN KANNST DU, DIREKT AUS DEM BIO-GARTEN, IN TEE VERWANDELN. SPANNENDE KREATIONEN UND ÜBERRASCHENDER GESCHMACK SIND GARANTIERT. DAS LEBEN KANN SO AUFREGEND SEIN!

Heiße Aufgüsse aus frischen Zutaten sind etwas ganz anderes als klassischer getrockneter Tee. Ein paar Experimente lohnen sich. Kombinationen aus frischen und getrockneten Zutaten zum Beispiel erweitern die geschmacklichen Möglichkeiten enorm.

Rechne von den frischen Zutaten immer ungefähr die dreifache Menge der getrockneten Zutaten ein, also 10 g für eine Tasse und 45 g für eine Kanne. Die frischen Kräuter, Früchte oder Blüten werden dann wie Dein getrockneter Tee mit kochendem oder heißem Wasser übergossen. Die Ziehzeit beträgt zwischen 5 und 10 Minuten – die Zutaten können danach aber auch einfach in der Tasse oder Kanne liegen bleiben. Abschmecken kannst Du Deinen frischen Aufguss mit Honig, Zucker, Fruchtsaft und frischen Fruchtstücken.

ANTI-GRAU

Zutaten für 1 Glas: 1–2 Stängel frische Minze, 5–6 Scheiben frischer Ingwer, ¼ Bio-Zitrone, Honig
Los geht's: Die Minze abbrausen, trocken schütteln und mit den Ingwerscheiben in ein großes Glas geben. Mit sprudelnd kochendem Wasser aufgießen und 4–5 Minuten ziehen lassen. Den Saft der Zitrone in das Glas pressen und nach Belieben mit Honig süßen.
Und dann? Das beliebte Duo aus scharfem Ingwer und frischer Minze ist ein absoluter Klassiker. Die Zitrone bemüht sich dabei um den Sauer-macht-lustig-Effekt, der mit einem Teelöffel Honig gezähmt werden kann. Der Tee kann 2–3 Mal aufgegossen werden.
Auch lecker: Abwechslung kann ½ Zweig frischer Thymian bringen. Einfach dazugeben oder die Minze dadurch ersetzen. Ergebnis: völlig anders! Auch bei Erkältung sehr zu empfehlen.

POWER-INFUSION

Zutaten für 1 Glas: 4–5 Blätter frischer Salbei, 3–4 Scheiben frischer Ingwer, 1 Scheibe Bio-Orange, 3 g (1 TL) leichter Grüntee (z. B. Sencha)
Los geht's: Die Salbeiblättchen abbrausen, trocken tupfen und mit dem Ingwer und der Orangenscheibe in ein großes Glas geben. Mit kochendem Wasser aufgießen. Nach ca. 3 Minuten den Grüntee in einem Teefilter oder Tee-Ei mit in das Glas geben, 1 Minute ziehen lassen und wieder entfernen. Den Aufguss weitere 6 Minuten ziehen lassen.
Und dann? Ein sehr gesunder, heißer Drink mit Würze, Schärfe und Frucht. Der grüne Tee gibt einen belebenden Koffeinkick und die Orange obendrein fruchtige Süße. Für weitere Aufgüsse den Grüntee noch mal ins Glas hängen.
Auch lecker: Gib für eine zitronige Frische 5 Blätter frische Melisse dazu.

HEISSE FRUCHTBOMBE

Zutaten für 1 Glas: ½ Scheibe Ananas, ¼ kleine Birne, je ½ Scheibe Bio-Orange und -Zitrone, 4 Himbeeren, 1 EL Agavensirup

Los geht's: Ananas und Birne schälen und in kleine Stücke schneiden. Zusammen mit der Orangen- und Zitronenscheibe und den Himbeeren in ein großes Glas geben und mit kochendem Wasser aufgießen. Den Aufguss 6–8 Minuten ziehen lassen und nach Belieben mit Agavensirup süßen.

Und dann? Schmeckt im Winter wie eine heiße Sommernacht. Die Obststücke geben eine dezente Süße und einen fruchtig-guten Geschmack ab. Die Zitrone balanciert den Geschmack gekonnt mit Säure aus.

Auch lecker: Alle saftigen Früchte von Apfel bis Pfirsich funktionieren hier als Alternativen. Achte bei der Auswahl des Obstes auf einen vollen Geschmack. Zusätzlich kannst Du den Drink mit etwas Orangensaft abschmecken.

5 CUPS-TIPP

PATRICK: Der Geschmack von frischen Kräutern und Früchten wird noch intensivier, wenn Du sie auskochst. Wie beim Herstellen einer Brühe werden dafür die frischen Zutaten in einem Topf 5–20 Minuten in Wasser gekocht und danach entfernt. Verwende aber nur Kräuter, die Du kennst. Denn so manches aus dem Kräutergarten kann eine medizinische Wirkung haben, über die man sich vorher informieren muss.

BASILIKUM ... HIMBEERE

Zutaten für 1 Glas: ... frisches rotes Basilikum, 5–6 Hi... EL Agavensirup

Los geht's: Rotes ... zu bekommen ist hier die grö... forderung. Der Rest ist einfach: Das Basilikum abbrausen, trocken schütteln und mit den Himbeeren in ein Teeglas geben. Mit sprudelnd kochendem Wasser aufgießen und mindestens 5–6 Minuten ziehen lassen. Nach Belieben mit Agavensirup süßen.

Und dann? Rotes Basilikum ist viel aromatischer als grünes. Dieser Duft haut einen um! Die Mühe, es zu besorgen, lohnt sich! Ein ganz einfacher, frischer Drink mit sehr viel Fruchtgeschmack durch die Himbeeren.

Auch lecker: Findest Du nur grünes Basilikum, kommst Du mit der drei- oder vierfachen Menge dem gewünschten Ergebnis auch recht nahe. Dann sollten die Blätter zum Trinken allerdings irgendwann entfernt werden.

SCHARFE FRUCHT

Zutaten für 1 Glas: 2 Stängel frische Minze, 4 Erdbeeren, ¼ frische mittelscharfe Chili

Los geht's: Die Minze abbrausen, trocken schütteln. Erdbeeren und Chili waschen, putzen und in ca. 3 mm dünne Scheiben schneiden. Alles zusammen in einem großen Glas mit kochendem Wasser aufgießen und mindestens 5 Minuten ziehen lassen. Nach Belieben mit hellem Rohrzucker süßen.

Und dann? Die Minze dominiert dieses frisch-feurige Getränk. Die Erdbeeren geben eine feine fruchtig-säuerliche Note ab und Chili sorgt für etwas Schärfe. Schmeckt außergewöhnlich!

Auch lecker: Mehr Fruchtgeschmack entsteht, wenn Du die Erdbeeren pürierst oder einfach ein paar mehr verwendest. Für eine feinere Schärfe funktioniert statt Chili auch 1 TL fein gewürfelter frischer Ingwer.

5 CUPS-TIPP

MORITZ: Bei den meisten Tee-
zeremonien geht es neben dem
Teetrinken um die soziale Interak-
tion. Die Teetradition aus Marokko
ist eine besonders herzliche
Gastgebergeste, an der sich jeder
ganz einfach versuchen kann.

MAROKKANISCHE MINZE
Ein Tee mit Freunden

IN MAROKKO WIRD MINZTEE ÜBERALL UND JEDERZEIT GETRUNKEN. EINE KLEINE, EINFACHE, ABER DENNOCH IMPOSANTE UND LECKERE TEEZEREMONIE, WENN MAN MIT FREUNDEN ZUSAMMENSITZT.

Für 1 l Tee

10 g oder 1 gehäufter EL Grüntee (z. B. Gun Powder)

ca. 30 Stängel frische Minze

3 – 5 gehäufte EL Zucker

Außerdem

am besten 1 marokkanische Teekanne aus versilbertem Messing

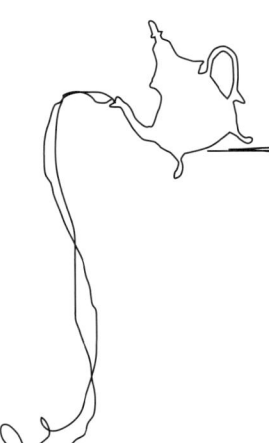

Los geht's

1. **Tee waschen:** Den Grüntee in eine Kanne geben und mit 200 ml sprudelnd kochendem Wasser übergießen. Die Kanne dabei am besten auf eine Herdplatte oder ein Stövchen stellen, damit das Wasser weiterkocht. Nach 30 – 60 Sekunden die Kanne gut durchschwenken und das Wasser abgießen – die Teeblätter bleiben in der Kanne. Durch das Waschen haben sie nun etwas weniger Bitterstoffe. Die Minze unter fließendem Wasser kurz abbrausen.

2. **Tee kochen:** So viele Minzestängel in die Kanne geben, bis die Kanne voll ist. Aber nicht stopfen! Den Zucker dazugeben und die Kanne mit kochendem Wasser auffüllen. Die Minzeblätter müssen vollständig mit Wasser bedeckt sein, da sie sonst dunkel werden und einen unerwünschten Beigeschmack entwickeln. Die Stängel dafür nach Bedarf mit einem Löffel unter das Wasser drücken. Alles für etwa 5 Minuten auf dem Herd oder dem Stövchen ziehen und leicht köcheln lassen.

3. **Tee servieren:** Den Tee aus möglichst großer Höhe aus der Kanne in ein kleines Teeglas gießen. Den Glasinhalt sofort zurück in die Kanne geben. Diesen Vorgang etwa fünfmal wiederholen. Dadurch wird der Zucker richtig gut mit dem Tee vermischt und es entsteht außerdem ein schöner Schaum, der für den marokkanischen Minztee sehr wichtig ist. Zum Servieren den Tee wieder von weit oben in kleine Teegläser gießen, damit sich eine Schaumkrone bildet.

AUCH LECKER | WEIL'S SO SCHÖN WAR Der Aufguss kann bis zu dreimal wiederholt werden. Fülle dafür die Kanne erneut mit kochendem Wasser und mache in der Anleitung weiter, wo Zucker in die Kanne gegeben wird. Die Zubereitung und die richtige Menge an Zucker sowie Grüntee erfordern etwas Erfahrung. Aber wenn Du mutig bist, entwickelst Du schnell ein Gefühl dafür. Das Eingießen erfolgt übrigens immer vor den Augen der Gäste.

TEA SHOT

Der Espresso unter den Tees

ENTDECKT IN EINER LANGEN, ARBEITSREICHEN NACHT. TEA SHOTS SIND KURZ-GEBRÜHTE, KONZENTRIERTE MINI-TEES AUS KOFFEINHALTIGEN TEESORTEN, DIE MAN GEZUCKERT TRINKT. EIN MÄCHTIG VOLLER GESCHMACK, DER WACH HÄLT.

TEE, DER DICH KICKT

Manchmal muss man einfach wach sein. Wer an dieser Stelle an Espresso denkt, sollte besser mal den Tea Shot probieren, denn der Wacheffekt ist sensationell. Das Tee-Koffein wirkt zwar etwas allmählicher, hält dann aber für bis zu zwei Stunden an, während der Espressokick schon nach 30 Minuten merklich abflaut. Beim Tea Shot wird die Koffeinwirkung mit den konzentrierten Teenoten kombiniert. Denn große Teemengen und kurze Ziehzeiten kitzeln einen feinen und umfangreichen, leicht bitteren bis fruchtigen Geschmack aus den Teeblättern heraus. Sehr erlesen, sehr energievoll und genau richtig, um wieder fit zu werden.

Nach einem guten Essen, am Morgen, um den Tag zu starten, oder wenn Du eine lange Nacht vor Dir hast. Es gibt verschiedene Methoden, einen kurzen, kräftigen Tee zu brühen, und das brauchst Du dafür:

[a] ESPRESSOMASCHINE MIT SIEBTRÄGER Du brauchst den Siebträger für doppelten Espresso. Achte auf eine saubere Maschine, sonst schmeckt Dein Tee nach altem Kaffee.

[b] TEEFILTER Wenn Du keine Siebträger-Maschine hast, kannst Du Tea Shots auch mit Teefiltern zubereiten. Mittlere bis große Papierfilter sind perfekt, damit die Teeblätter sich entfalten können.

[c] KLEINE TEEGLÄSER Tee Shots werden wie Espresso in kleinen Gläsern oder Tassen mit ca. 0,1 l Fassungsvermögen und kleiner serviert.

[d] ZUCKER Kristall-, Rohrzucker oder Melasse sind als Komplementärgeschmack zur leicht bitteren Tee-Note am besten geeignet. Starte mit mindestens einem halben Teelöffel je Tasse und süße nach Geschmack nach.

FILTER SHOT

Bei dieser einfachen Methode gibt man 10 g eines koffeinhaltigen Tees oder einer Tea-Shot-Mischung (siehe Seite 68/69) in einen großen Teefilter oder ein Teesieb. Fülle dann eine normale Teetasse zur Hälfte mit kochendem Wasser und lasse den Tee darin weniger als 1 Minute ziehen. Achte darauf, dass sich die Teeblätter gut entfalten können. Den ersten Aufguss wegschütten. Danach kannst Du mit dem feuchten Teesatz wie gerade beschrieben bis zu fünf Shots aufbrühen und wach werden.

DIE 5 CUPS-SHOT-METHODE

Man nehme eine Espressomaschine mit Siebträger. Achte darauf, dass sie sehr sauber ist, damit Deine Shots nicht nach Kaffee schmecken. Einen großen Siebträger (für doppelten Espresso) zu drei Viertel mit koffeinhaltigem Tee oder Teemischungen (siehe Seite 68/69) füllen. Nicht pressen. Den Siebträger einspannen und fünf kleine Gläser oder Tassen bereitstellen. Die Wassermenge für einen doppelten Espresso (50 – 80 ml) durchfließen lassen und wegschütten. Der erste Durchlauf befeuchtet den Tee, schmeckt im Vergleich zu den folgenden aber nicht besonders. Die nächsten fünf Shots werden nach dem gleichen Prinzip gezogen und getrunken – weitere Shots werden zu dünn. Vor dem Trinken zuckern.

Statt eines Siebträgers kannst Du auch nachfüllbare Kaffeekapseln verwenden, in die aber viel weniger Tee als in einen Siebträger passt.

KOPFSCHUSS

Wach werden de luxe

KRÄFTIGER SCHWARZER, FEINER GRÜNTEE UND ETWAS HERBE MATE MACHEN GEMEINSAME SACHE. DUNKEL, STARK UND BITTERSÜSS SCHIESSEN DICH DIE DREI ALS TEA SHOT INS LEBEN ZURÜCK.

Für 50 g Teemischung

22,5 g (45 %) Darjeeling oder eine Schwarzteemischung

22,5 g (45 %) Gun Powder (Grüntee), weißer Tee oder Oolong

5 g (10 %) Mate

Los geht's

5 CUPS-Shot-Methode: Alle Zutaten kräftig mischen. 10 g der Teemischung in einen großen Siebträger füllen. Pro Tea Shot die Wassermenge für einen doppelten Espresso (50–80 ml) durchfließen lassen. Den ersten Shot weggießen.

Filter Shot: Alle Zutaten kräftig mischen. 10 g Teemischung in einem Teefilter oder einem Tee-Ei mit ca. 100 ml kochendem Wasser aufgießen und weniger als 1 Minute ziehen lassen. Den ersten Shot weggießen und bis zu 5 weitere Aufgüsse aus dem gleichen Teesatz ziehen.

Und dann?

Durch kochendes (zu heißes) Wasser gibt der grüne Tee sofort Bitterstoffe ab. Alle Zutaten setzen zeitgleich Koffein frei. Geschmack und Duft entwickeln sich durch die große Teemenge sehr schnell. Ein äußerst aromatischer, herb-bitterer Aufguss. Riech mal dran!

Some sugar?

Unbedingt sogar! Rohrzucker, Kristallzucker und Melasse sind super.

AUCH LECKER | AROMA SHOT Für ein besonderes Aroma können der Kopfschuss-Mischung weitere Geschmackskomponenten hinzugefügt werden – jedoch immer nur eine. Perfekt geeignet sind: Kakaoschalen (herbbitter bis schokoladig), Lapacho (herb-torfig), Kamillenblüten (süßlich-bitter), Minze (frisch), Hibiskusblüten (sauer), Rosenblüten (blumig weich).

5 CUPS-TIPP

PATRICK: Du kannst jeden Tee als Tea Shot zubereiten, auch wenn er kein Koffein enthält. Es entsteht immer ein Tee-konzentrat mit sehr vollem Geschmack. Früchte- und Kräutertees müssen deutlich länger ziehen, mindestens 4 Minuten, deshalb ist die Siebträger-Methode dafür nicht geeignet.

EISTEE

Kein kalter Tee von gestern

ER IST IN DEN USA SEIT ÜBER 150 JAHREN EIN FRISCHER KLASSIKER. BEI UNS ALS ZUCKERSÜSSER DOSENDRINK BEKANNT GEWORDEN. DABEI IST EISTEE SELBER MACHEN SO EINFACH WIE SCHNÜRSENKEL BINDEN. SO GEHT'S.

10 MINUTEN BIS ZUM GLÜCK

Wer seinen Tee über Nacht im Kühlschrank stehen lässt, verschenkt nicht nur das Beste am Eistee: spritzige Frische! Sondern macht sich auch noch viel zu viel Arbeit. Denn Eistee herzustellen dauert nur wenige Minuten:

1. Gewünschten Tee doppelt bis dreifach stark in einer Kanne oder einer French Press aufbrühen. Ziehzeiten genau beachten!

2. Große Gläser randvoll mit Eiswürfeln füllen und den heißen Tee darübergießen. Hörst Du, wie es knistert? Gläser aber noch nicht ganz auffüllen.

3. Süßen Fruchtsaft (z.B. Apfel, Orange oder Ananas) oder Sirup dazugießen. Eventuell weitere Eiswürfel hinzugeben.

4. Den Eistee mit einigen Obststücken dekorieren. Äpfel, Orangen, Pfirsich ... alles, was Geschmack abgibt.

5. Zum Schluss noch frische Minzeblätter und einen dicken Strohhalm dazu, schon ist der Drink fertig. Bei Bedarf kannst Du mit Rohrzucker oder Sirupen nachsüßen.

Durch das Herunterkühlen des heißen Tees über Eiswürfeln ist er ganz frisch. Die schmelzenden Eiswürfel verwässern ihn dabei, weshalb der Tee immer konzentriert aufgebrüht werden muss. Die Süße wird in erster Linie durch Saft oder Sirup reguliert; einen frischen Spritz bekommst Du mit etwas zusätzlichem Sodawasser. Und wenn in Deinem Eistee der Fruchtgeschmack dominieren soll, gib einfach frische Obststücke dazu und lasse ihn maximal 2 Stunden im Kühlschrank durchziehen.

Frischer Eistee schlägt jede Limonade im Geschmack um Längen und ganz nebenbei ist er auch noch schrecklich gesund. Ruf Deine Freunde an! Die Saison ist eröffnet.

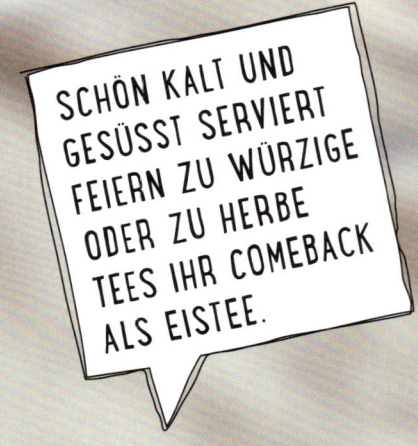

SCHÖN KALT UND GESÜSST SERVIERT FEIERN ZU WÜRZIGE ODER ZU HERBE TEES IHR COMEBACK ALS EISTEE.

EISTEEZEUG

Gute Dinge, um Eistee zu machen

EISTEE HERSTELLEN GEHT SCHNELL UND IST VERBLÜFFEND EINFACH.
MIT DIESER KLEINEN GRUNDAUSSTATTUNG KOMMST DU COOL ZUR SACHE
UND WIRST ANWÄRTER AUF DIE GASTGEBER-GOLDMEDAILLE.

[a] EISWÜRFEL Bitte kein Crushed Ice, sondern möglichst große, doppelt gefrostete Eiswürfel aus dem Supermarkt verwenden – sie schmelzen langsamer. Und Du brauchst viele: Für vier große Gläser Eistee sind etwas weniger als 1 kg Eiswürfel nötig.

[b] LONGDRINKGLÄSER Deine Gläser sollten groß sein – 400 ml ist perfekt. Wir empfehlen große Tumbler oder Caipirinha-Gläser.

[c] FRENCH PRESS Die beste Teekanne, um Teekonzentrate herzustellen, ist die French Press, weil viel Tee reinpasst und er genug Platz hat, um sich auszubreiten. Den Teesatz nach dem Ziehen runterdrücken und den Tee in die Gläser ausgießen.

[d] STROHHALME Besser dicke als dünne verwenden, weil es sich damit einfacher trinkt und Du außerdem besser umrühren kannst.

[e] SÄFTE Zur Grundausstattung gehören naturtrüber Apfelsaft, Orangen- und Ananassaft. Frisch gepresst ist die Königsklasse. Der Fruchtzucker spendiert die Süße.

[f] SIRUPE Die Konzentrate sind nicht nur süß, sondern auch sehr aromatisch. Holunderblüten, Ahorn, Agave, Karamell… Mit Sirup komponierst Du einen weiteren Geschmack in Deinen Eistee. Probiere Dich durch die Aromenvielfalt.

[g] GLASKARAFFE Statt in einzelnen Gläsern kannst Du Eistee auch in einer großen Glaskaraffe vorbereiten und damit ausschenken.

[h] WECKGLÄSER Besorge Dir die amerikanischen Schraubdeckelgläser „Mason Jar" oder hübsche Bügelgläser, um Deine Kreationen zu servieren. Das sieht nach Landpartie aus und ist sehr schick!

[i] CHAMPAGNERBOWL Eis nachfüllen hübsch gemacht. Die Schale mit 5 kg Eiswürfeln füllen, eine Eisschaufel dazulegen und mit frischem Obst dekorieren. So ist auf hübsche Art für genug Eiswürfel-Nachschub gesorgt.

5 CUPS-TIPP

MORITZ: Die Schale der Zitronen muss unbehandelt sein. Falls Du nicht sicher bist, wasche sie vorher gründlich heiß ab. Und verwende immer nur frisch gepressten Zitronensaft – fertiger Zitronensaft ist nicht mal in der Not gut. Statt mit Zitronenscheiben kannst Du die Rezepte auch mit Limetten-, Orangen- oder Grapefruitscheiben ausprobieren!

KLASSISCHER EISTEE
mit Schwarztee und Zitrone

SEIT JEHER WURDE IN ASIEN TEE AUCH KALT GETRUNKEN. ABER EISTEE ERFUNDEN HABEN DIE AMERIKANER IN DEN 1860ERN. DER KLASSIKER AUS SCHWARZEM TEE KAM URSPRÜNGLICH OHNE ZUCKER DAHER.

Für 4 Gläser

8 TL starker Schwarztee (Ceylon oder Assam)

30 Eiswürfel

1 Bio-Zitrone

4 TL Agavensirup oder Rohrzucker (nach Belieben)

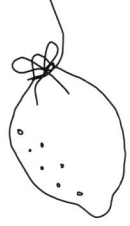

Los geht's

1. Für ein Teekonzentrat den Schwarztee in einer French Press mit 1 l kochendem Wasser überbrühen. Den Tee 3 Minuten ziehen lassen, dann den Teesatz runterdrücken.

2. Eine größere Teekanne oder eine stabile Glaskaraffe mit der Hälfte der Eiswürfel füllen. Den Tee zur Schockkühlung darübergießen.

3. Den Saft einer ½ Zitrone dazupressen. Für einen süßen Eistee den Agavensirup oder Zucker ca. 2 Minuten in den Tee rühren.

4. Die restlichen Eiswürfel auf 4 große Gläser verteilen und jeweils 1–2 Zitronenscheiben zufügen. Eistee und Strohhalm rein, that's it!

Limette und Himbeeren

Schwarztee aufbrühen und über Eiswürfeln herunterkühlen. Mit 4 TL Himbeersirup süßen. Gläser mit Eiswürfeln füllen und den Eistee pro Glas mit einem Spritzer Limettensaft, 2 Limettenscheiben und 10 tiefgekühlten Himbeeren servieren.

Bitterorange und Lavendel

Den schwarzen Tee mit 4 TL getrockneter Bitterorangenschale mischen und aufbrühen. Über Eiswürfeln herunterkühlen und mit 4 TL Lavendelsirup süßen. Pro Glas mit Eiswürfeln, 1 Zweig frischem Lavendel und einer Zitronenscheibe servieren.

Maracuja

Schwarztee aufbrühen und über Eiswürfeln herunterkühlen. Mit 200 ml Orangensaft und 4 EL Zitronensaft mischen. Nach Belieben mit Zucker süßen. 1 Maracuja halbieren, das Fruchtfleisch herauskratzen und unter den Eistee rühren. Einige Zitronenspalten dazugeben und vor dem Servieren noch ein paar Minuten ziehen lassen. Mit Eiswürfeln servieren.

SCHWARZ OHNE SCHWARZ
Der Klassiker koffeinfrei

LAPACHO, DIE RINDE VOM BAUM DES LEBENS, KOMMT AN DEN KLASSISCHEN
EISTEEGESCHMACK HERAN. VOLLKOMMEN KOFFEINFREI, DAFÜR ETWAS HERBER
UND EXZELLENT ERFRISCHEND.

Für 4 Gläser

10 – 12 TL Lapacho

30 Eiswürfel

400 ml Apfelsaft

½ Apfel

frische Minze- und Melisseblättchen für die Dekoration

Los geht's

1. Für ein Teekonzentrat den Lapacho in einer French Press mit
   1 l kochendem Wasser überbrühen. Den Tee 8 Minuten ziehen
   lassen, dann den Teesatz runterdrücken.

2. Eine größere Glaskaraffe mit der Hälfte der Eiswürfel füllen und
   den heißen Tee zur Schockkühlung darübergießen. Dann den Apfelsaft dazugeben.

3. Den Apfel waschen, abtrocknen, putzen und in dünne Apfelspalten
   schneiden. Die restlichen Eiswürfel auf 4 große Gläser verteilen.
   Die Gläser mit Eistee auffüllen und mit Apfelspalten, Minze- und
   Melisseblättchen dekorieren.

Lapacho mit Traube

Lapacho aufbrühen und über Eiswürfeln herunterkühlen. 400 ml roten
Traubensaft dazugeben. Kleine Trauben oder große Trauben-Hälften
auf einen Holzspieß stecken. Gläser mit Eiswürfeln füllen und mit Eistee aufgießen. Mit je einem Trauben-Spieß dekorieren.

„Wenn des Sultans Rock brennt" mit Salz

10 – 12 TL Teemischung (siehe unten) aufbrühen, 8 Minuten ziehen lassen und über Eiswürfeln herunterkühlen. 8 TL Holunderblütensirup
und 4 – 6 Kristalle Meersalz oder 1 Prise feines Meersalz unterrühren.
In jedes Glas 1 Stängel Minze geben, mit Eiswürfeln füllen und mit Eistee aufgießen. Salz im Eistee mag sich komisch anhören, funktioniert
aber in der Kombination mit süßem Sirup, besonders zu einem herben
Tee wie dem Lapacho, ganz wunderbar.

TEEMISCHUNG | WENN DES SULTANS ROCK BRENNT Für 50 g Teemischung: 25 g (50 %)
Lapacho, 15 g (30 %) Kakaoschalen, 7,5 g (15 %) Melisse, 2,5 g (5 %) Rosenblüten,
etwas Anis, Kardamom und Nelken für noch mehr Würze

5 CUPS-TIPP

ANDRÉ: Grüner Tee schmeckt gekühlt ohne alles auch schon super. Je länger er steht, desto bitterer wird er jedoch, was man wunderbar mit Sirupen, Säften oder Zucker wegsüßen kann. Frucht- und Blütensirupe passen am besten zu Grüntee.

GRÜNER EISTEE
Macht frisch, macht munter

GRÜNER TEE GIBT EINEN GANZ WUNDERBAREN EISTEE AB. ER BRÜHT HELL AUF, ENTHÄLT AUFMUNTERNDES KOFFEIN UND WIRD MIT FRISCHEN ZUTATEN ZU EINER SPRITZIGEN, GESUNDEN ERFRISCHUNG!

Für 4 Gläser

1 Stück frischer Ingwer (ca. 1–2 cm)

2 Stängel Lemongrass (alternativ 2 TL getrocknetes)

2 frische Kaffierlimettenblätter

8 TL Grüntee (z. B. milder Sencha oder kräftiger Gun Powder)

30 Eiswürfel

2 Bio-Limetten

2 TL Agavensirup

Kaffierlimettenblätter und Lemongrass für die Dekoration

Los geht's

1. Den Ingwer schälen und in Scheiben schneiden. Das Lemongrass waschen. Welke und holzige Teile entfernen. Die Stängel längs vierteln und in 4–5 cm lange Stücke schneiden. Die Limettenblätter waschen und trocken tupfen.

2. Limettenblätter sowie je die Hälfte Ingwer und Lemongrass in einer French Press mit 1 l kochendem Wasser überbrühen. Nach 5 Minuten den Grüntee dazugeben und weitere 3 Minuten ziehen lassen, dann den Teesatz runterdrücken. Den Tee in einer Karaffe über der Hälfte der Eiswürfel herunterkühlen.

3. Mit dem Saft von 1 Limette und Agavensirup abschmecken. Restlichen Ingwer und übriges Lemongrass in den Eistee geben und 1–2 Stunden im Kühlschrank durchziehen lassen. Mit Limettenspalten, Lemongrass, Limettenblättern und Eiswürfeln in Gläsern servieren.

Grüntee mit exotischen Früchten

Grüntee und zusätzlich 2 TL frisches oder getrocknetes Lemongrass 3 Minuten in 80 °C heißem Wasser ziehen lassen. Über Eiswürfeln herunterkühlen. Ganz nach Belieben mit Fruchtsirup oder Orangensaft süßen. Exotische Früchte (z. B. Kumquats oder Sternfrucht) in dünne Scheiben schneiden, in den Eistee geben und mindestens 15 Minuten, besser 2 Stunden, im Kühlschrank durchziehen lassen. Gläser mit Eiswürfeln füllen und mit Eistee aufgießen.

Lavendelgrün

6 TL Grüntee, 2 TL Lavendelblüten und 2 frische Zweige Thymian mischen und mit 1 l 80 °C heißem Wasser aufgießen. Den Tee nach 3 Minuten durch ein Sieb zur Schockkühlung über Eiswürfel gießen. Nach Belieben mit Agavensirup süßen und mit Eiswürfeln, Zitronenspalten und frischen Lavendelblüten in Gläsern servieren.

WEISSER EISTEE
Ein Glas frischer Sommer

EISTEE AUS WEISSTEE KLINGT GUT! DER WEISSE IST ETWAS MILDER ALS GRÜNER UND GENAUSO ERFRISCHEND. MANCHMAL IST ER RAUCHIG UND DONNERT DICH AN. MIT FRÜCHTEN UND BLÜTEN UMARMT ER DICH.

Für 4 Gläser

8 TL weißer Tee

30 Eiswürfel

4 TL Holunderblütensirup

1 Bio-Zitrone

Los geht's

1. Für ein Teekonzentrat den weißen Tee in einer French Press mit 1 l 80 °C heißem Wasser übergießen und 2 – 3 Minuten ziehen lassen. Dann den Teesatz runterdrücken.

2. Eine größere stabile Glaskaraffe mit der Hälfte der Eiswürfel füllen und den heißen Tee zur Schockkühlung darübergießen. Dann den Sirup einrühren.

3. Die Zitrone waschen, abtrocknen und in Spalten schneiden. Die restlichen Eiswürfel auf 4 große Gläser verteilen. Die Gläser mit Eistee auffüllen und mit Zitronenspalten dekoriert servieren.

Weißer mit Himbeere

Weißen Tee aufbrühen und über Eiswürfeln herunterkühlen. Nach Belieben mit Himbeersirup süßen. In jedes Glas 6 gefrorene Himbeeren, Eiswürfel und eine Zitronenspalte geben. Eistee aufgießen und mit Minzeblättchen dekorieren.

Weißer mit Orange

Weißen Tee aufbrühen und über Eiswürfeln herunterkühlen. Nach Belieben mit Orangensirup süßen. 4 Kumquats waschen und in Scheiben schneiden – alternativ geht auch je 1 Orangenscheibe – und mit 4 Zitronenspalten und Eiswürfeln in die Gläser verteilen. Mit Eistee aufgießen und mit Orangenzesten dekorieren.

Grün-Weißer mit Löwenzahn

Je 4 TL weißen und grünen Tee mischen und in 80 °C heißem Wasser 2 – 3 Minuten ziehen lassen. Über Eiswürfeln herunterkühlen und mit Löwenzahnblütensirup süßen. Eiswürfel auf die Gläser verteilen und den Tee aufgießen. Mit Rucolablättern und Zitronenspalten dekorieren.

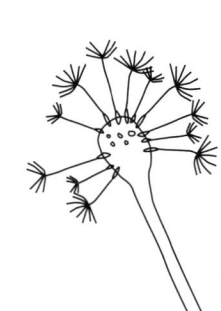

5 CUPS-TIPP

PATRICK: Mate kann bis zu fünfmal aufgegossen werden und auch bei langen Ziehzeiten wird er nicht bitter. Der herbe Geschmack wird hierzulande am liebsten mit fruchtigen Noten kombiniert.

MATE-EISTEE
Olá Erfrischung!

HERBER MATEGESCHMACK GEWINNT DURCH ZITRUSNOTEN ENORM AN FRISCHE. IN RIO DE JANEIRO TRINKT MAN „MATE COM LIMÃO", E SKALTE MATE MIT LIMETTEN-SAFT UND EINER SCHEIBE FRISCHER LIMETTE.

Für 4 Gläser

10 TL Mate

30 Eiswürfel

4 TL frisch gepresster Limettensaft

1 Bio-Limette

4 TL Agavensirup (nach Belieben)

Los geht's

1. Für ein Teekonzentrat Mate in einer French Press mit 1 l 100 °C heißem Wasser übergießen und 5 Minuten ziehen lassen. Dann den Teesatz runterdrücken.

2. Eine größere stabile Glaskaraffe mit der Hälfte der Eiswürfel füllen und den heißen Tee zur Schockkühlung darübergießen. Den Limettensaft einrühren.

3. Die Limette waschen, abtrocknen und in Scheiben schneiden. Die restlichen Eiswürfel auf 4 große Gläser verteilen. Die Gläser mit Eistee auffüllen und nach Belieben mit Sirup süßen. Mit je 2–3 Limettenscheiben servieren.

Birnen-Mate

Mate aufbrühen und über Eiswürfeln herunterkühlen. Mit 1 Päckchen Bourbon-Vanillezucker oder 2 TL Vanillesirup süßen und 400 ml naturtrüben Birnensaft unterrühren. Gläser mit Eiswürfeln füllen, mit Eistee aufgießen und mit Birnenspalten und Minzeblättchen dekoriert servieren.

AUCH LECKER | MATE-LIMONADE

1 Stück frischer Ingwer (1–2 cm), 1 Stängel Lemongrass, 10 TL Mate, 30 Eiswürfel, 3 Bio-Limetten, Agavensirup, 400 ml Mineralwasser Den Ingwer schälen und in Scheiben schneiden. Das Lemongrass waschen. Welke und holzige Teile entfernen. Die Stängel längs vierteln und in 4–5 cm lange Stücke schneiden. Mate und je die Hälfte Ingwer und Lemongrass in einer French Press mit 600 ml sprudelnd kochendem Wasser überbrühen und 5–10 Minuten ziehen lassen. Teesatz runterdrücken und den Tee über der Hälfte der Eiswürfel herunterkühlen. Den Saft von 2 Limetten auspressen und zum Eistee geben. Mit Agavensirup süßen. Im Kühlschrank mit dem restlichen Lemongrass und Ingwer noch 1 Stunde durchziehen lassen. Eistee mit Eiswürfeln und je 1 Limettenspalte in Gläser verteilen und mit Mineralwasser auffüllen. Kurz umrühren, fertig!

FRISCHE FRUCHTWUCHT
Fruchtiger Eistee

EISTEES AUS FRÜCHTETEE SIND AUCH SCHON PUR EINE ECHTE FRUCHTPRACHT. ABER ERST MIT FRISCHEN FRÜCHTEN UND SAFT WERDEN SIE ZU ERFRISCHENDEN ÜBERRASCHUNGEN.

Für 4 Gläser

8 TL Hibiskusblüten

30 Eiswürfel

8 Erdbeeren

4 TL Erdbeersirup (nach Belieben)

4 Stängel frische Minze und Erdbeeren für die Dekoration

Los geht's

1. Für ein Teekonzentrat die Blüten in einer French Press mit 1 l frisch aufgekochtem Wasser überbrühen. Den Tee 8 Minuten ziehen lassen, dann den Teesatz runterdrücken.

2. Eine größere Glaskaraffe mit der Hälfte der Eiswürfel füllen und den heißen Tee zur Schockkühlung darübergießen.

3. Die Erdbeeren waschen, putzen und in kleine Stücke schneiden. Für ganz viel Erdbeergeschmack den Eistee mit den Erdbeeren für 1 Stunde im Kühlschrank ziehen lassen.

4. Oder die Erdbeeren zusammen mit den restlichen Eiswürfeln auf 4 große Gläser verteilen und mit Eistee auffüllen. Nach Belieben mit Erdbeersirup süßen und mit Minzestängeln und Erdbeeren dekorieren.

Rhabarber-Apfel

Hibiskusblüten aufbrühen und über Eiswürfeln herunterkühlen. 1 Apfel waschen, putzen, in Spalten schneiden und mit ¼ l Rhabarbersaft unter den Eistee mischen. Im Kühlschrank 30–60 Minuten ziehen lassen. In jedes Glas 4 Eiswürfel und 3 frische Apfelspalten geben. Mit dem kalten Tee aufgießen und nach Belieben mit Rhabarbersirup oder Zucker süßen.

Cranberry

Hibiskusblüten aufbrühen und über Eiswürfeln herunterkühlen. Mit 200 ml Cranberrysaft mischen und nach Geschmack mit Cranberrysirup oder neutralem Agavensirup süßen. Je 6 Cranberrys auf einen Holzspieß stecken und einen in jedes Glas stellen. 4 Eiswürfel sowie 1 Zitronenscheibe dazugeben und den Eistee eingießen.

KRÄUTER-EISTEE
Durstige Kehlen mögen Kräuter

MINZE, MELISSE, SALBEI, ZITRONENVERBENE ODER THYMIAN SCHMECKEN, NUR LEICHT MIT HONIG ODER AGAVENSIRUP GESÜSST, ALS EISTEE AM BESTEN PUR. AUCH PERFEKT ALS KALORIENARMER ESSENSBEGLEITER.

Für 4 Gläser

1 Stück frischer Ingwer (1 – 2 cm)

8 TL Minze

30 Eiswürfel

4 TL Honig oder Agavensirup (nach Belieben)

2 Bio-Orangen

2 Bio-Zitronen

frische Minzeblättchen für die Dekoration

Los geht's

1. Den Ingwer schälen und klein würfeln. Für ein Teekonzentrat Minze und Ingwerwürfel in einer French Press mit 1 l kochendem Wasser überbrühen. Den Tee 10 Minuten ziehen lassen, dann den Teesatz runterdrücken.

2. Eine größere Glaskaraffe mit der Hälfte der Eiswürfel füllen und den heißen Tee zur Schockkühlung darübergießen.

3. Den Eistee nach Belieben mit Honig oder Sirup süßen. Je 1 Orange und Zitrone auspressen und den Saft untermischen.

4. Die übrige Orange und Zitrone waschen, abtrocknen und in 2 – 3 cm große Stücke schneiden. Die restlichen Eiswürfel auf 4 große Gläser verteilen. Mit Eistee auffüllen und mit Minzeblättchen sowie Orangen- und Zitronenstücken dekoriert servieren.

Minze-Apfel-Zitrone

8 TL getrocknete Minze oder 12 Stängel frische Minze aufbrühen und über Eiswürfeln herunterkühlen. Den Saft 1 Zitrone und 400 ml naturtrüben Apfelsaft untermischen, 30 Minuten im Kühlschrank ziehen lassen. Gläser mit Eiswürfel füllen, Eistee eingießen und mit Apfel- und Zitronenspalten sowie frischen Minzeblättchen servieren.

Baby, it's hot outside

Die Mischung „Baby, it's cold outside" von Seite 54/55 funktioniert auch wenn es „hot outside" ist. 15 g Mischung aufbrühen, über Eiswürfeln herunterkühlen und mit 200 ml Apfel- oder Birnensaft verfeinern. Nach Belieben mit Holundersirup nachsüßen. Mit Eiswürfeln, Zitronen- oder Apfelspalten und Minzeblättchen servieren.

SOME SUGAR?

Zucker und andere süße Sachen

OB ZUCKER IN DEN TEE GEHÖRT, IST BEINAHE EINE GLAUBENSFRAGE. WIR FINDEN,
DU SOLLTEST MACHEN, WORAUF DU LUST HAST. UND BEVOR DIE SÜSSE VIELFALT
NICHT PROBIERT WURDE, KOMMT EH JEDES URTEIL ZU FRÜH.

MIT ODER OHNE

Den reinen Geschmack eines Tees erfährst Du
nur, wenn Du ihn pur trinkst. Klar! Wer seinen
Tee süßt, sagt damit aber noch lange nicht,
dass der Tee allein nicht schmeckt. Zucker ist
wie ein Gewürz. Und feine Gaumen schätzen
die Würze von hochwertigen Süßmitteln, denn
manche Kompositionen gewinnen sogar noch
dazu, wenn etwas fröhliche Süße hinzukommt.

JE KRÄFTIGER, DESTO SÜSSER

Verschiedene Süßmittel auszuprobieren lohnt
sich. Ist ein Tee kräftig oder herb und bitter,
wie Schwarz- oder Kräutertees, verträgt er mehr
von der süßen Würze. Grüne Tees dagegen
sind oft sehr leicht und zart. Süßmittel dort
eher sparsam einsetzen.

Weißer Zucker Der bei uns übliche weiße
Kristallzucker wird seit über 200 Jahren aus
Zuckerrüben gewonnen. Dabei braucht man
10 Rüben, um 1 kg Zucker zu gewinnen. Er
löst sich gut in heißem und kaltem Tee auf und
ist neutral, da er kaum Eigengeschmack hat.

Rohrzucker ist um einiges älter als unser Rüben-
zucker. Die Perser stellten aus dem Saft des
Zuckerrohrs wohl schon vor 1.400 Jahren
Zucker her. Mit mehr als 70 Prozent Anteil am
Weltmarkt ist er außerdem der Süßmittelchef
in den Tassen und Gläsern. Heller bis weißer
Rohrzucker gehört, wie weißer Zucker, zu den
Kristallzuckern. Je dunkler er aber ist, desto
höher ist der Melasseanteil, also der Anteil des
Sirups aus dem Zuckerrohrsaft. Dieser sorgt
für einen Eigengeschmack, der Rohrzucker
erst interessant macht, wie bei Vollrohrzucker.
Am besten verschiedene Sorten probieren.

ZUCKER IM TEE IST
EIN GESCHMACKS-
VERSTÄRKER.

Melasse Der dunkelbraune, zähe Sirup entsteht als Nebenprodukt bei der Herstellung von Zucker. Der Zuckergehalt von Melasse beträgt noch etwa 50 Prozent. Sie hat einen starken Eigengeschmack, der von Karamell bis Lakritze reichen kann. Melasse bekommst Du meist als Bioprodukt im Glas verpackt.

Honig Der Dinosaurier unter den Süßmitteln: Honig gibt es seit der Steinzeit und die Imkerei wurde schon im alten Ägypten kultiviert. Der Arbeitsort der Bienen bestimmt dabei das Aroma – vom würzigen Tannenwald bis zur sonnigen Blumenwiese. Honig braucht Wärme oder viel Geduld, bis er sich auflöst, und kann sehr vielseitig eingesetzt werden.

Kandis Die großen aromatischen braunen Kandiskristalle wachsen in einem aufwendigen Verfahren aus einer karamellisierten Zuckerlösung. Zwei bis drei Wochen dauert es, bis ein Kristall seine volle Größe erreicht hat. Kandis ist in good old England und vor allem in Ostfriesland zu Hause. Dort hört er auf den sympathischen Namen „Kluntje" und darf im Tee nicht fehlen.

Marmelade Ein russischer Brauch, bei dem ein Löffel Marmelade im Mund landet und der Tee darübergeschlürft wird. Stattdessen kann man einen Löffel Marmelade direkt in den Tee geben und probieren, wie es schmeckt. Perfekt zum schwarzen Tee.

Sirup entsteht beim Einkochen von zuckerhaltigen Flüssigkeiten wie Zuckerwasser oder Fruchtsäften. Er ist lange haltbar, lässt sich einfach selber machen (siehe Seite 91) oder in vielen Varianten kaufen. Geschmackliche Abwechslung ist damit immer garantiert! Für Eistee solltest Du immer mehrere Sirupe parat haben.

SÜSSE IDEEN

Süßigkeiten selbst gemacht

WIR WÜRDEN NIE BEHAUPTEN, DASS ZUCKER IN DEINEN TEE GEHÖRT. ABER WIR WÜRDEN DIR GERNE SAGEN: PROBIERE MAL DIESE SÜSSEN IDEEN AUS. DENN ZUCKER IST NUR DIE HALBE WAHRHEIT.

ORANGE-INGWER-ZUCKER

Für ca. 1 kg: 2 Bio-Orangen, 50 g frischer Ingwer, 1 kg Zucker, Reagenzgläser oder Fläschchen mit Korken, farbiges Tonpapier, Bändchen, Schnur oder Garn

Los geht's: Den Backofen auf 40 °C (Umluft) vorheizen. Die Orangen warm waschen, abtrocknen und die Schale dünn abreiben. Den Ingwer schälen und fein reiben. Orangenschale und Ingwer gründlich mit dem Zucker mischen und alles gleichmäßig auf ein mit Backpapier ausgelegtes Backblech streuen. Im Ofen (Mitte) 2 Stunden trocknen lassen.

Danach in einer Küchenmaschine fein mahlen und mit einem Löffel in die Reagenzgläser oder Fläschchen füllen. Aus dem farbigen Papier ca. 3 x 6 cm große Anhänger zuschneiden, lochen, beschriften und mit Schnur oder Garn um die Gläschen oder Fläschchen binden.

Und dann? Ab in den Tee damit! Eine exzellente Würze, die sich auch sehr gut in der Plätzchenbäckerei macht.

SAHNE-KARAMELL-STÜCKE

Für ca. 300 g: 200 g Kristallzucker, 200 g Schlagsahne

Los geht's: 100 g Zucker bei schwacher bis mittlerer Hitze in einer weiten Pfanne flüssig werden lassen (karamellisieren). Geduld! Anschließend bei schwacher Hitze unter Rühren die Sahne und weitere 100 g Zucker unterrühren. Alles 20 Minuten sanft köcheln lassen. Dabei regelmäßig umrühren, damit nichts anbrennt. Das Karamell z. B. in die Mulden von Mini-Backformen oder Eiswürfelschalen aus Silikon verteilen und abkühlen lassen. Fertig, die feinen Karamell-Stücke. Ach, nennen wir sie ruhig Bonbons!

Und dann? Die Stücke in den Tee geben und auflösen lassen. Durch die Sahne ist der Geschmack fast unwiderstehlich. Besonders schwarze Tees, aber auch Früchtetees gewinnen dadurch tolle Geschmacksnoten hinzu.

Auch lecker: Keine Eiswürfelschale? Einfach kleine Kleckse auf ein gefettetes Blech oder Backpapier geben und auskühlen lassen.

HOLUNDERBEEREN-SIRUP

Für ca. ½ l Sirup: 400 g schwarze Holunderbeeren ohne Stiele, ca. 1 kg Zucker

Los geht's: Die gut gewaschenen, hübschen Holunderbeeren mit ½ l Wasser in einen Topf geben und mit einem Pürierstab pürieren. 75 g Zucker hinzufügen und bei mittlerer Hitze langsam aufkochen lassen. Eine große Schüssel leer abwiegen und das Gewicht notieren. Das Beerenpüree durch ein Sieb in die Schüssel schütten, dabei das Püree mit einem Löffelrücken durch die Sieblöcher streichen. Die Schüssel erneut wiegen und das Gewicht des Saftes ausrechnen. Das gleiche Gewicht an Zucker abwiegen. Zucker und Saft erneut in den Topf geben, aufkochen und leicht köcheln lassen. Dabei ständig umrühren, bis der Sirup eine dickflüssige Konsistenz erreicht hat.

Und dann? In ausgekochten Flaschen abgefüllt hält sich der leckere Süßmacher im Kühlschrank mehrere Monate. Holunderbeerensirup passt wunderbar zu Früchte- und Kräutertees und ist beeindruckend im Eistee.

Auch lecker: Das gleiche Prinzip lässt sich für alle möglichen Früchte anwenden, aus denen man Sirup machen möchte. Die Zuckermenge richtet sich danach, wie sauer oder süß eine Frucht ist.

VANILLE-SIRUP

Für ca. ½ l Sirup: 2 Vanilleschoten, 300 g Zucker

Los geht's: 300 ml Wasser in einem Topf erhitzen. Die Vanilleschoten vorsichtig längs aufschneiden und das Mark mit einem Messerrücken herauskratzen. Vanillemark und Zucker in den Topf geben und alles unter Rühren aufkochen lassen. So lange bei schwacher Hitze köcheln lassen, bis ein dickflüssiger Sirup entsteht. Je mehr Zucker und umso länger eingekocht wird, desto dickflüssiger wird der Vanillesirup.

Und dann? In ein ausgekochtes Schraubglas abfüllen und im Kühlschrank lagern. Sehr lecker im Rooibostee.

5 CUPS-TIPP

MORITZ: Steck die ausgekratzten Vanilleschoten in ein Gefäß mit Zucker und schüttel es ab und zu durch. In wenigen Tagen hast Du Deinen eigenen Vanillezucker, der ein viel besseres Aroma als der Vanillezucker in den kleinen Tütchen hat.

EINEN IM TEE

Cocktails und Longdrinks

TEE MIT SCHUSS – DENKBAR EINFACH, SELTEN GUT. DOCH FÜGST DU LONG-
DRINKS ODER COCKTAILS GEKONNT FEINEN TEE HINZU, ENTSTEHEN DRINKS
MIT AUSSERGEWÖHNLICHEN AROMEN.

Jagertee, daran denkst Du vielleicht jetzt. Dein Gesicht verzieht sich dabei etwas. Können wir verstehen. Bitte vergiss das gleich wieder. Wir haben etwas viel Besseres im Sinn. Drei wundervolle Arten, wie man Alkohol und Tee miteinander vereint, stellen wir Dir vor. Das Ergebnis sind Drinks, wie Du sie kennst, jedoch mit einem Geschmack, der Dich beeindrucken wird.

Entscheidend für das Gelingen Deiner Drinks sind die Zutatenqualitäten und ganz besonders das Anrichten. Denn Dekorationen wie Minze, Kräuterzweige, Zesten von Zitrusfrüchten und Obststücke haben gleich zwei Funktionen: Sie lassen den Drink gut aussehen und gut duften. Die Deko befindet sich beim Trinken immer direkt unter der Nase und beeinflusst somit ebenfalls den Geschmack des Drinks.

BARTOOLS
Das Zeug für gute Drinks

GUTE ZUTATEN UND DAS RICHTIGE WERKZEUG SIND FAST SCHON EIN GUTER COCKTAIL. EIN GUTES AUGE, GEFÜHL UND GESCHMACK SIND DER REST. BEGINNEN WIR MIT DEM WERKZEUG.

[a] EIS Das höchste Gut an der Bar. Selbst produziertes Eis aus dem Eisschrank ist okay, besser sind doppelt gefrostete Eiswürfel aus dem Supermarkt, die langsamer schmelzen, damit Dein Drink nicht zu schnell verwässert.

[b] GLÄSER Es gibt hundert verschiedene Arten. Darüber schreiben wir dann ein weiteres Buch. In den meisten Fällen kommst Du mit Whiskey-Tumblern und Longdrinkgläsern aus. Wird mit Eiswürfeln serviert, sollten die Gläser dickwandig sein.

[c] SHAKER Den brauchst Du, um die verschiedenen flüssigen Zutaten effektiv zu vermischen. Rühren ist nicht das Gleiche. Und auch Teemischungen lassen sich erstklassig in einem Shaker vermischen. So oder so: Musst Du haben.

[d] STRAINER Ein Sieb, mit dem man den geshakten Alkohol aus dem Shaker abseiht und dabei die Eiswürfel zurücklässt. Du kannst auch Dein Teesieb dafür nehmen – ist nur nicht ganz so schön, wenn Dir Deine Gäste beim Zubereiten zusehen.

[e] BARLÖFFEL Zart und hübsch. Hauptsache lang, damit Du beim Umrühren von Longdrinks bis zum Boden kommst.

[f] MESSBECHER 1 cl, 2 cl, 4 cl...das sagt Dir ein edelstählerner Barmessbecher. Damit kannst Du die Rezeptangaben genau einhalten.

[g] SPARSCHÄLER Damit ziehst Du Zitrusfrüchten das Fell über die Ohren und dekorierst oder aromatisierst mit der Schale Deine Drinks. Für letzteres den Streifen Schale über dem Glas zusammendrücken, bis die ätherischen Öle in den Drink stäuben. Das gibt ein leicht bitteres und frisches Aroma.

[h] ZITRUSPRESSE Saft gewinnen, Kerne draußen lassen und Drinks frisch spritzen.

[i] SPIRITUOSEN Wenn schon einen im Tee, dann mit Klasse. Hierbei kommt es auch auf die Qualität an. Hochwertige Schnäpse, Liköre und Säfte machen einen deutlichen Geschmacksunterschied. Für die Rezepte benötigst Du nur die Standards einer Hausbar: Gin, Whiskey, Tequila, Orangenlikör, Holunder- sowie Zuckersirup und Säfte.

LONGDRINKS

mit Tee als Filler

LONGDRINKS SIND SCHNELL GEMACHT. LASS DOCH MAL COLA, TONIC ODER
BITTER LEMON WEG UND ERSETZE DIE FILLER DURCH TEE. DAFÜR BRAUCHST DU
EINEN KONZENTRIERTEN TEE UND ALLES, WAS IN EINEN LONGDRINK GEHÖRT.

MOSCOW MULE INFUSION

Für 4 Gläser: 7 g (45 %) Ingwer, 3 g (20 %) Süßholz, 2 g (15 %) Zichorienwurzel, 1,5 g (10 %) Muskatblüten, 0,5 g (4 %) gemahlene Chili, 1 g (6 %) Rosenblüten, 32 Eiswürfel, 2 Bio-Limetten, 16 cl Wodka, ½ Salatgurke, Sodawasser (nach Belieben)
Außerdem: Teekanne, Karaffe, Sieb, 4 Longdrink- oder Whiskeygläser
Los geht's: Ingwer, Süßholz, Zichorienwurzel, Muskatblüten, Chili und Rosenblüten mischen und in eine Kanne geben. ½ l kochendes Wasser darübergießen und 7 Minuten ziehen lassen. Eine Karaffe mit 20 großen Eiswürfeln füllen und den Tee durch ein Sieb über die Eiswürfel gießen. Die Limetten auspressen. Jedes Glas mit 3 Eiswürfeln, 4 cl Wodka und 2 cl Limettensaft befüllen. Die Gurke sehr schräg anschneiden und lange, dünne aber stabile Scheiben abschneiden. In jedes Glas 2–3 Gurkenscheiben direkt an den Glasrand stellen. Die Gläser mit dem Tee und bei Sprudelbedarf nach Belieben mit ca. 4 cl Sodawasser auffüllen. Das ist schaaaarf!

CUBA LIBRE CON TÉ

Für 4 Gläser: 9 g (60 %) Schwarztee, 1,5 g (10 %) Zitronenschale, 1,5 g (10 %) Zitronenverbene, 2 g (15 %) Lemongrass, 1 g (5 %) Holunderblüten oder Melisse, 30 Eiswürfel, 1 Bio-Limette, 8 TL Rohrzucker, 16 cl Rum (je älter desto besser)
Außerdem: Teekanne, Karaffe, feines Sieb, 4 Longdrinkgläser, 4 Strohhalme, Limettenscheiben
Los geht's: Schwarztee, Zitronenschale und -verbene, Lemongrass und Holunderblüten oder Melisse mischen und in eine Kanne geben. ½ l kochendes Wasser darübergießen und 3 Minuten ziehen lassen. Eine Karaffe mit 20 großen Eiswürfeln füllen und den Tee durch ein feines Sieb über die Eiswürfel gießen. Hörst Du es knistern? Die Limette waschen, abtrocknen und in 8 Spalten schneiden. In jedes Longdrinkglas 2 TL Rohrzucker füllen und den Saft von 2 Limettenstücken mit den Fingern direkt dazupressen. Die ausgepressten Limettenstücke ins Glas werfen. Je Glas 2–3 Eiswürfel dazugeben und 4 cl Rum darübergießen. Die Gläser mit dem kalten Tee auffüllen und je 1–2 Limettenscheiben als Dekoration verwenden. Strohhalm rein. Prost!

5 CUPS-TIPP

MORITZ: Wenn Du es sprudelig magst, kannst Du ein Viertel des Tees mit Sodawasser ersetzen. Dafür muss der Tee allerdings sehr stark aufgebrüht sein, da durch die Eiswürfel und das zusätzliche Sodawasser praktisch doppelt verdünnt wird.

TEECOCKTAILS
Feine Alkohole treffen feinen Tee

COCKTAILS WERDEN MIT ETWAS ÜBUNG ZU MEISTERWERKEN. KANN SCHON PASSIEREN, DASS DU DEINE GÄSTE BITTEN WIRST, NICHT SO TIEF INS GLAS ZU SCHAUEN. DIESER GESCHMACK KANN FESSELN.

DER KONTER

Für 1 Glas: 5 g Lemongrass, 10–12 Eiswürfel, 3 cl Tequila reposado (gereift), 2 cl Orangenlikör, 1 Shot Espresso, 2 cl Zuckersirup, 1 cl Limettensaft
Außerdem: Teesieb, Whiskeyglas (Tumbler), Messbecher, Shaker, Strainer, 1 Stängel Lemongrass
Los geht's: Lemongrass mit 200 ml kochendem Wasser überbrühen und 8 Minuten ziehen lassen. Tee durch ein Teesieb filtern und über 5–6 Eiswürfeln runterkühlen. In einen Tumbler 5–6 Eiswürfel füllen. Alle restlichen Zutaten, bis auf den Tee, shaken und in den Tumbler abseien. Den Drink mit 10 cl Lemongrass-Tee auffüllen und einen frischen Stängel Lemongrass zur Dekoration in das Glas stellen.

CHARLES ROSEN

Für 1 Glas: 5 g Rosenblüten, 5 cl Gin (Tanqueray No. Ten wäre perfekt), 3 cl Holunderblütensirup, 1 cl Limettensaft, 6 Eiswürfel
Außerdem: Teekanne, Teesieb oder -filter, Messbecher, Longdrinkglas, Barlöffel, frische ungespritzte Rosenblätter, 1 Bio-Orange, Sparschäler
Los geht's: Rosenblüten mit ¼ l kaltem Wasser in eine Teekanne geben, abdecken und maximal 2 Stunden ziehen lassen. Rosenblüten-Tee durch ein Teesieb filtern. Geht natürlich auch mit einem Teefilter. Alle Zutaten, bis auf den Tee, in ein Longdrinkglas geben und kurz umrühren. Eiswürfel und frische Rosenblätter dazugeben und mit ca. 10 cl Rosenblüten-Tee auffüllen. Die Orange waschen, abtrocknen und mit einem Sparschäler eine Zeste ablösen und in den Drink geben.

DER KONTER LÄSST DICH DIE LETZTE NACHT VERGESSEN.

SOUTHERN LEMONADE

Für 1 Glas: 10 g Muskatblüten, 5 cl Bourbon
Whiskey, 1,5 cl Zuckersirup, 6 cl Cranberrysaft,
1 Spritzer Limettensaft, 6 Eiswürfel
Außerdem: kleine Teekanne, Teesieb oder
-filter, Messbecher, Longdrinkglas, Barlöffel,
1 Stängel frische Minze
Los geht's: Die Muskatblüten in eine Kanne
geben und mit 300 ml 85 °C heißem Wasser
aufgießen. 30 Minuten ziehen lassen und
durch ein Teesieb filtern. Geht natürlich auch
mit einem Teefilter. Der Tee sollte dann auf
Zimmertemperatur abgekühlt sein. Alle Zutaten, bis auf den Tee, in ein Longdrinkglas geben und kurz umrühren. Eiswürfel dazugeben
und mit ca. 10 cl Muskatblüten-Tee auffüllen.
Die ätherischen Öle des Minzestängels durch
Anschlagen in der Handfläche aktivieren und
den Stängel ins Glas stellen.

EARL GREY MARTINI

Für 1 Glas: 5 g Earl Grey (Schwarztee mit Bergamotte-Öl), 1 TL Waldhonig, 1 cl Zitronensaft,
3 cl eiskalter Gin (Tanqueray No. Ten wäre perfekt)
Außerdem: Gobletglas oder Weinglas, Teefilter,
Barlöffel, 1 Bio-Zitrone, Sparschäler
Los geht's: Das Glas für 20 Minuten in das
Gefrierfach stellen. Den Earl Grey in einen Teefilter geben und mit 300 ml kochendem Wasser
aufbrühen. Nach 3 Minuten Ziehzeit den Filter
entfernen, dann den Honig und den Zitronensaft dazugeben. Das eiskalte Glas zu ¾ mit
dem Tee füllen. Jetzt wird der eiskalte Gin auf
den Tee geschichtet: Dazu den Barlöffel knapp
über der Oberfläche des Tees platzieren und
den Gin vorsichtig über den Löffel in das Glas
gießen. Das ist entscheidend für diesen Drink!
Die Zitrone waschen, abtrocknen und mit
einem Sparschäler eine Zeste ablösen. Die Zeste
über dem Glas zusammendrücken, damit die
ätherischen Öle in den Drink spritzen. Zur
Dekoration die Zeste in den Drink geben.
Und dann? Nicht zu vorsichtig trinken, damit
sich der kalte Gin und der warme Tee im Mund
mischen können. Dazu Kekse oder Gebäck
reichen. Fein, fein, der Lord.

KOMM, EIN TEE GEHT NOCH!

ICH MUSS NOCH FAHREN

Alkoholfreier Tee-Cocktail

ALKOHOLFREIE COCKTAILS HEISSEN „VIRGINS". SIE WERDEN WIE IHRE BESCHWIPSTEN GESCHWISTER KUNSTVOLL ZUBEREITET. DAS GEHT ERST RECHT MIT TEE – KEINE ÜBER-RASCHUNG, ODER DOCH?

Für 10 g Teemischung

2 g (20 %) Lemongrass

2 g (20 %) Hibiskusblüten

2 g (20 %) Zitronenschale

2 g (18 %) Süßholz

1 g (10 %) grüne Minze

1 g (10 %) Zimt

1 Msp. (2 %) Pfeffer

Für 1 Glas

6 Eiswürfel

5 cl Tee

2 cl Holunderblütensirup

2 cl frisch gepresster Limettensaft

10 cl Tonic Water

Außerdem

Teesieb oder -filter

Whiskyglas (Tumbler)

Messbecher, Barlöffel

1 Bio-Orange

Sparschäler

Los geht's

1. Die Teemischung in ein Teesieb oder einen Teefilter geben, mit ½ l kochendem Wasser aufgießen und 5 Minuten ziehen lassen. Teesatz entfernen.

2. Den Tumbler mit Eiswürfeln füllen. 5 cl Tee abmessen und lang-sam über die Eiswürfel gießen. Mit Holunderblütensirup, frischem Limettensaft sowie Tonic Water auffüllen und mit einem Barlöffel kurz umrühren.

3. Die Orange waschen, abtrocknen und mit dem Sparschäler eine lange Zeste von der Orangenschale lösen und als Spirale in den Drink geben. Gute Fahrt!

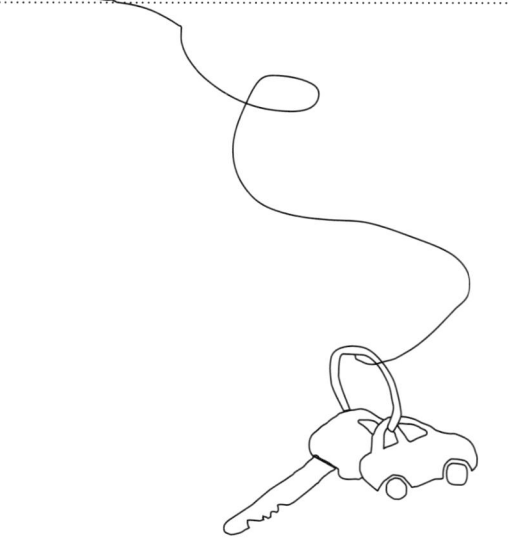

MAZERATIONSDRINKS
Zwei machen gemeinsame Sache

GIN UND WODKA LASSEN SICH MIT TEE VERWANDELN. DAS ERGEBNIS NENNT MAN INFUSION, DAS VERFAHREN MAZERATION. UND DU SOLLTEST DAS JETZT UNBEDINGT AUSPROBIEREN.

WIR ZAUBERN

Alkohol eignet sich prima zum Reinigen. Aber nicht nur! Man kann sich die lösenden Eigenschaften von hochprozentigem Alkohol auch für außergewöhnliche Drinks zunutze machen. Innerhalb weniger Minuten werden die Aromen und Farben aus getrockneten Teezutaten durch das Einlegen in Schnaps freigesetzt. Tee zieht in Alkohol, ohne dass er dafür erhitzt werden muss, und reichert ihn geschmacklich mit den Noten aus Kräutern und Blüten an: infusionierter Alkohol. Der physikalische Vorgang, der Alkohol und Tee auf diese Weise verschmelzen lässt, nennt sich Mazeration. Das ist so spannend, dass Du das mit dem Reinigen am besten gleich wieder vergisst.

IS IT MAGIC?

Billiger Fusel wird durch Mazeration kaum besser. Das Ergebnis lebt von der Qualität aller Beteiligten. So geht's los:

1. Eine kräftige Teemischung, zum Beispiel versetzt mit farbigen Früchten und duftenden Gewürzen, herstellen. Ideen findest Du auf der nächsten Seite.

2. 1–2 TL Teemischung in einen Papier-Teefilter füllen und in 6 cl zimmerwarmen Gin legen. Ziehen lassen. Ab und zu umrühren.

3. Langsam verfärbt sich der Alkohol und beginnt zu duften. Nach 5–10 Minuten kannst Du den Teesatz entfernen. Länger geht immer.

4. Riech mal dran. Du hast den Gin verwandelt! Jetzt zauberst Du daraus einen „Gin and Tea and Tonic": Eiswürfel dazugeben, mit Tonic Water auffüllen und einer Limettenscheibe dekorieren. Simsalabim!

Infusionierter Alkohol schmeckt auch pur und „on the rocks", also auf Eis. Oder Du nimmst ihn als Basis für alle möglichen Longdrinks und füllst ihn wie gerade beschrieben mit einem Filler auf.

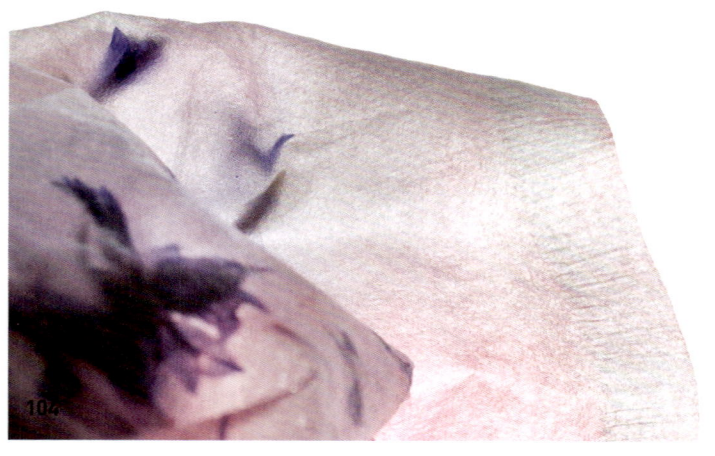

5 CUPS-TIPP

ANDRÉ: Gin und Wodka sind recht neutral im Geschmack. Darin werden Verfärbungen schnell sehr gut sichtbar und beide nehmen die Aromen der getrockneten Tee-zutaten sehr gut auf. Rum und Whiskey hingegen haben durch ihre Fasslagerung eine braune Farbe sowie einen ausgeprägten Eigengeschmack und sind deshalb nicht allzu gut zur Mazeration geeignet.

EINE INFUSION BITTE
Teemischungen für die Mazeration

GIN UND WODKA WERDEN IM HANDUMDREHEN ECHTE GENUSSMITTEL. EINIGE
DER VORGESCHLAGENEN ZUTATEN SIND NICHT GANZ EINFACH ZU BEKOMMEN.
DIE MÜHE WIRD SICH JEDOCH LOHNEN.

ZITRUSWÜRZE
Für 100 g Teemischung

20 g (20 %) Lemongrass

20 g (20 %) Hibiskusblüten

20 g (20 %) Zitronenschale

18 g (18 %) Süßholz

10 g (10 %) grüne Minze

10 g (10 %) Zimt

2 g (2 %) Pfeffer

MINZ 'N' FRUIT
Für 100 g Teemischung

24 g (24 %) Hibiskusblüten

20 g (20 %) grüne Minze

20 g (20 %) Pfefferminze

20 g (20 %) Melisse

16 g (16 %) Koriander

ZU BESUCH IN BERLIN? Sehr gekonnt zaubert die Berliner G&T Bar Drinks mit Teemischungen. Spezialisiert
auf Gin erlebst Du dort, was echte Barkunst ist, und vor allem, wie infusionierter Gin and Tonic Dir verzückte
Ahs und Ohs entlocken wird. Unbedingt ausprobieren! Gin & Tonic Bar, Friedrichstr. 113, 10117 Berlin.

FEUER. HOLZ. GUT

Für 100 g Teemischung

40 g (40 %) Kamille

20 g (20 %) Rosenblüten

15 g (15 %) Orangenschale

10 g (10 %) Zitronenschale

10 g (10 %) Teufelskralle

5 g (5 %) Kardamom

SCHWITRONÜRZE

Für 100 g Teemischung

36 g (36 %) Zitronenschale

30 g (30 %) Pomeranzenschale

20 g (20 %) Darjeeling

7 g (7 %) Anis

4 g (4 %) Zimt

3 g (3 %) Basilikum

BITTER SÜSSIGSCHEIN

Für 100 g Teemischung

30 g (30 %) Verbene (Eisenkraut)

30 g (30 %) Apfelstücke

10 g (10 %) Basilikum

10 g (10 %) Grapefruitschale

10 g (10 %) Rosenblüten

10 g (10 %) Holunderblüten

5 CUPS-TIPP

EIKE: Verwende qualitativ hochwertige, dezente und elegante Gins, die keinen zu starken Eigengeschmack haben. Zum Beispiel Tanqueray No. Ten, Bombay London Dry oder Chase Elegant. Bei Wodka empfehlen wir Dir Sipsmith oder Tanqueray Sterling.

WIE MAN FREUNDE...

glücklich macht

ALLERLEI TEERITUALE HABEN WIR ZUM VOR-
BILD GENOMMEN UND VEREINFACHT, UM MIT
FREUNDEN AUF DIE LIEBE, DAS LEBEN UND DIE
SONNE ZU TRINKEN. AUF DIE FREUNDSCHAFT!
TEE IST DICKER ALS WASSER.

DIE TEEKARTE

Geschmack färbt ab

MIT TEE LÄSST SICH PAPIER EINFÄRBEN UND DIESE STILVOLLE EINLADUNGSKARTE
ENTSTEHT IM HANDUMDREHEN. FREUNDE EINLADEN JENSEITS VON SMS ODER E-MAIL.
IT'S TEA O'CLOCK!

Für 10 Klappkarten

3 EL Schwarz-, Kräuter- oder
Früchtetee (je nach Wunsch-
farbton)

Auflaufform oder tiefes Backblech (Minimum 25 x 25 cm)

10 Bögen dickes weißes Papier
oder unbedruckte weiße Klappkarten (à ca. 21 x 21 cm), wenn
möglich mit rauer Oberfläche

Stifte, Stempel usw. zum Verzieren

Zick-Zack-Schere (nach Belieben)

Los geht's

1. ½ l Wasser aufkochen und den Tee in einer Kanne damit aufbrühen.
   Länger als üblich ziehen lassen, bis der Farbton des Tees sehr
   kräftig ist.

2. Den Tee in die Auflaufform oder das Backblech gießen. Die Papierbögen nacheinander in den Tee legen – es sollten maximal 5 Bögen
   übereinanderliegen. Einige Minuten abwarten, bis sich die Blätter
   mit Tee vollgesaugt und eine schöne Farbe bekommen haben.

3. Die Bögen nacheinander vorsichtig aus dem Tee heben, auf einem
   Backgitter abtropfen lassen und zum Trocknen auf eine glatte
   Fläche auslegen, z. B. auf die mit Backpapier ausgelegte Arbeits-
   platte. (Aufgepasst: Tee färbt nicht nur Einladungspapier ein).
   Die eingefärbten Papierbögen vollständig trocknen lassen.

4. Nach dem Trocknen die gefärbten Papierbögen zu Klappkarten
   falzen und beschriften, bestempeln, bekleben oder einen selbst-
   gebastelten Teebeutel daran befestigen. Nach Belieben die
   Blattkanten leicht und unregelmäßig einreißen oder mit einer
   Zick-Zack-Schere zurechtschneiden. Fertig!

AUCH SCHÖN | TEEMUSTER Möchtest Du keine ebenmäßig eingefärbte Karte, zer-
knülle das Papier kurz. Streiche es dann wieder glatt und lege es in den Tee.
In den Falten sammeln sich die Teepigmente vermehrt und verzieren das Papier
nach dem Trocknen mit einem Muster aus vielen Linien.

CHAI-SONNTAG

Auf die Freundschaft!

VERWÖHNT EUCH! SO ENTWICKELST DU MIT FREUNDEN EUER EIGENES GEHEIMREZEPT FÜR „MASALA CHAI" UND IHR VERBRINGT EINEN HERZLICHEN, SÜSS-WÜRZIGEN NACHMITTAG.

GEHEIMES REZEPT

„Chai" ist in vielen anderen Sprachen das Wort für Tee. Wenn im Deutschen allerdings von „Chai" die Rede ist, ist meist der „Masala Chai" gemeint, also die indische Variante. Das ist schwarzer Tee mit vielen Gewürzen oder besser gesagt viele Gewürze mit Schwarztee, serviert mit Milch und Zucker oder Honig. Chai ist belebend, aber vor allem geschmacklich so intensiv, dass man nicht genug bekommen kann, wenn man erst mal anfängt. Der

Geschmack wird von der Gewürzmischung bestimmt, an der Du ein Leben lang herumexperimentieren kannst. Genau das Richtige, um einen wunderbaren Sonntagnachmittag mit Freunden zu verbringen. Die besondere Herausforderung: Jeder bereitet seinen ganz persönlichen Chai mit einer eigenen Gewürzmischung zu, nacheinander in Runden. So findet ihr an einem Tag Eure geheime Rezeptur, genauso wie sie viele indische Familien haben und für sich behüten.

VORBEREITUNG

1. Lade eine Handvoll Freunde ein.

2. Besorge reichlich Gewürze, am besten in Bio-Qualität. Je ca. 30–50 g ganze Sternanis, Nelken, Kardamomkapseln, Zimtstangen, schwarze Pfefferkörner, rote Pfefferkörner, Muskatnuss, getrockneten Ingwer und Orangenschale sowie indische Lorbeerblätter (Zimtblätter, z.B. aus dem Asiamarkt).

3. Du brauchst außerdem: ca. 100 g Schwarztee (Assam oder Ceylon), Milch oder Sojamilch, Mörser, Töpfe, Muskatreibe, Chai-Gläser (z. B. Weckgläser, Caipi-Gläser etc.), 3–5 Vanilleschoten, Honig oder Rohrzucker, Zitronensaft, Kuchen und Gebäck, Stifte und Papier

5 CUPS-TIPP

PATRICK: Der bittere Geschmack des „Chai", der vor allem vom Schwarztee kommt, kann durch Honig oder Zucker abgemildert werden. Wenn es Dir dennoch zu bitter ist, reduziere die Ziehzeit des Schwarztees auf 2–3 Minuten. Für noch mehr Geschmack können Kakaoschalen, Früchte und weitere Gewürze ins Spiel gebracht werden.

GRUNDREZEPT
für ein Geheimnis

ALS GASTGEBER STELLST DU DIE ERSTE MISCHUNG ZUSAMMEN UND ERKLÄRST, WIE ES GEHT. JE NACH GLASGRÖSSE UND ANZAHL DER FREUNDE SOLLTET IHR JE RUNDE 1–2 LITER CHAI EINRECHNEN.

Für 1 l Chai

2 Sternanis

12 Nelken

10 Kardamomkapseln

5 schwarze Pfefferkörner

1 Zimtstange

½ TL frisch geriebene Muskatnuss

¼ TL getrockneter Ingwer

700 ml Milch (Fettgehalt und Art nach Belieben)

15 g (2 EL) Schwarztee

2 TL Orangenschalen

1 Vanilleschote (nach Belieben)

Honig oder Rohrzucker

Los geht's

1. Sternanis, Nelken, Kardamom und Pfefferkörner in einem Mörser grob zerstoßen. Zimt dazubröseln, Muskatnuss und Ingwer untermischen. Die Gewürzmischung mit 300 ml Wasser und der Milch in einen Topf geben und zum Kochen bringen. Bei schwacher Hitze 20–30 Minuten köcheln lassen, dabei gelegentlich umrühren.

2. Den Topf vom Herd nehmen, den schwarzen Tee und die Orangenschale dazugeben und 3–5 Minuten ziehen lassen. Nach Belieben 1 Vanilleschote auskratzen und den Chai damit verfeinern. Den Chai durch ein feines Sieb direkt in die Gläser gießen. Zum Schluss noch mit Honig oder Zucker abschmecken. Dazu Gebäck und Nüsse reichen.

Neuer Topf, neuer Chai

Wichtig ist, dass die Zutatenmengen vor jeder Runde genau auf einem Blatt Papier notiert werden. Wenn ihr dann zusammensitzt und die Gläser geleert werden, diskutiert, was ihr schmeckt, und wandelt die Rezeptur auf dem Papier dabei ab. Der Nächste kann nun beginnen, einen Chai-Topf nach der neuen Rezeptur aufzusetzen.

AUCH LECKER | CHAI ÜBRIG? Fülle den Chai heiß in ausgekochte Weckgläser. Zur Dekoration kannst Du das Rezept, eine Zimtstange und etwas Sternanis mit Sisalschnur am Glas befestigen. So kann jeder Deiner Gäste etwas von dem Chai-Sonntag im Glas mitnehmen. Er hält sich bis zu 2 Tagen im Kühlschrank. Danach könnt ihr euch ja alle wieder treffen.

5 CUPS-TIPP

MORITZ: Besorge Dir kleine Weinballons mit Auslass (einer Art Zapfhahn), um die Eistee-konzentrate auf der Tafel zu präsentieren. Es gibt auch passende Holzgestelle dazu, die man wunderbar mit der Teesorte beschriften kann. Sehr stylisch!

EISTEE-PARADE

Erfrischt euch um die Wette

EIN HEISSER SOMMERTAG, COOLE DRINKS, ALLE FREUNDE AUF EINMAL TREFFEN, SO VIELE VERSCHIEDENE EISTEES WIE MÖGLICH AUSPROBIEREN ... DAS LEBEN KANN SO SCHÖN SEIN. KOMM ZUR EISTEE-PARADE!

Für ca. 10 Freunde

4 Sorten Tee (à ca. 50 g)

4 große Karaffen

10 – 20 kg Eiswürfel

1 Ananas

6 Bio-Orangen

zusätzliches saisonales, sehr frisches Obst wie Pfirsiche, Beeren, Melone

1 Champagnerbowl oder große Schale

Eisschaufel

je 1 – 2 Töpfe Basilikum und Minze

4 – 6 verschiedene Säfte und Sirupe

Longdrinkgläser

dicke Strohhalme

Los geht's

1. Pro Person 500 – 600 ml Eisteekonzentrat frisch vorbrühen. In Karaffen über Eiswürfel herunterkühlen. Bei 10 Leuten und 4 verschiedenen Tees benötigt man also rund 1,5 l Teekonzentrat je Sorte. Für 1 l reichen 20 – 30 g Tee, damit er stark genug wird. Mehr dazu findest Du auch noch mal ab Seite 70.

2. Einen kleinen Teil des Obstes je nach Sorte waschen, schälen und putzen. Als Glasdekoration aufschneiden und auf einer Platte anrichten.

3. Mache aus einem Tisch ein Eistee-Buffet: Die restlichen Eiswürfel (ca. 5 kg) in eine Champagnerbowl oder Schale schütten und eine Eisschaufel dazulegen. Das übrige Obst als Dekoration auf den Eiswürfeln und auf dem Buffet verteilen. Die Kräutertöpfe, die Säfte und Sirupe auf der Tafel zur Selbstbedienung anrichten. Den Tee in den Karaffen, die Londrinkgläser und Strohhalme drumherum arrangieren.

4. Jeder Gast kann jetzt aus allen Zutaten seinen eigenen Eistee kreieren oder macht gleich eine ganze Runde klar. Reihenfolge und Kombination sind frei bestimmbar: Viele Eiswürfel ins Glas geben, Tee darübergießen und das letzte Fünftel mit Saft oder Sirup auffüllen. Mit Obststücken, Minze, Basilikum und Strohhalm garnieren.

AUCH LECKER | SERVIERE DAZU einfache Kuchen wie Marmor-, Zitronen- oder Sandkuchen und natürlich Kekse. Probiert euch durch möglichst viele Kombinationen und kürt Euren Favoriten. Durch Zugabe von Wodka, Gin und Prosecco werden die Eistee-Kreationen noch schwindelerregender.

HIGH TEA
Tee geht einfach immer

DIE BRITEN LIEBEN TEE. DAS WIRD AN BESONDEREN ANLÄSSEN AUSGIEBIG MIT DEM HIGH TEA ZELEBRIERT. EINE MISCHUNG AUS NACHMITTAGSTEE UND ABENDESSEN. DARAUS MACHEN WIR DOCH SCHNELL EINE EIGENE VARIANTE.

In England serviert man den High Tea noch vor dem Dinner. Zu einem kräftigen, aromatischen Tee werden üblicherweise kalte herzhafte Speisen und einfache Kuchen gereicht. Bei uns gibt es Scones, Gurkensandwiches, selbst gekaufte Pralinen und selbst gemischten schwarzen Tee. Klar! Eine Mischung aus 50 Prozent Assam und 50 Prozent Darjeeling passt. Auch gut sind ein reiner Assam mit dem Mark einer ausgekratzten Vanilleschote oder die Mischung „Ein Bursche mit Geschmack" von Seite 44.

SCONES

Für 6–8 Stück: 500 g Mehl, 50 g Puderzucker, 1 EL Vanillezucker, 2 TL Backpulver, ¼ TL Salz, 75 g weiche Butter, 125 ml Milch, 2 Eier

Los geht's: Den Backofen auf 220 °C (Ober- und Unterhitze) vorheizen. Mehl, Puderzucker, Vanillezucker, Backpulver und Salz in einer Schüssel mischen. Butter in Stückchen und Milch dazugeben. 1 Ei trennen und das Eigelb für später beiseitestellen. Das Eiweiß und das übrige Ei verquirlen, in die Schüssel geben und alle Zutaten mit den Händen behutsam verkneten, bis ein Teig entsteht (nicht länger). Den Teig ca. 2 cm dick ausrollen und mit einem runden Glas (ca. 6 cm ∅) Scones ausstechen. Die Teigreste erneut ausrollen und weitere Scones ausstechen. Die Scones auf ein mit Backpapier belegtes Backblech

setzen und mit dem Eigelb bestreichen. Im Ofen (Mitte) ca. 15 Minuten backen.
Auch lecker: Die Scones noch warm mit Clotted Cream, Schmand oder Butter und Marmelade essen.

GURKENSANDWICHES

Für 4 Stück: 4 große Scheiben Sandwich-Toast, zimmerwarme Butter, ½ Salatgurke, 2–3 Salatblätter, Salz, Pfeffer, Kresse, 8 Zahnstocher

Los geht's: Die Rinde der Toasts abschneiden und die Scheiben mit Butter bestreichen. Die Gurke schälen und in dünne Scheiben schneiden. 2 gebutterte Toastscheiben ordentlich mit den Gurkenscheiben und Salat belegen, mit Salz und Pfeffer würzen, dann mit den anderen beiden Toastscheiben abdecken. Die Sandwiches vierteln, mit je einem Zahnstocher fixieren und mit Kresse bestreuen.
Auch lecker: Statt Butter schmeckt auch Frischkäse. Oder zusätzlich mit Räucherlachs belegen.

TEE MIT STIL

Richte die süßen und herzhaften Snacks ganz im englischen Stil auf einer Etagere an. Du hast keine? Schau mal auf Seite 123. Platziere ganz unten die Sandwiches, in der Mitte die Scones und oben thronen die Pralinen. Tee mit Kandis und Milch genießen.

DIE EXPERTENRUNDE

Tea-Tasting-Party

DAS PROBIEREN VON TEE (ENGLISCH: TEA TASTING) IST EINE WISSENSCHAFT
FÜR SICH, ABER MACHT MIT FREUNDEN EINEN RIESENSPASS! GANZ NEBENBEI
SCHULEN „TASTINGS" DEN GESCHMACK.

ÜBER DIE SCHULTER GESCHAUT

Der professionelle „Tea Taster" ist dafür
verantwortlich, welcher Tee am Ende in den
Verkauf kommt, und darum einer der wichtigsten Personen im Teehandel. An einem
Tag verkostet so ein Experte hunderte Tees
und entscheidet innerhalb von Sekunden
über die Qualität.

Für jeden Tee gibt es ganz genaue Regeln
und natürlich Profi-Equipment: Spezielle
Tea-Tasting-Porzellan-Tassen mit Deckel werden zum Beispiel mit genau 2,86 g Blättern
Schwarztee befüllt und mit 150 ml siedendem
Wasser überbrüht. Die Ziehzeit beträgt exakt
5 Minuten. Dann wird der Tee durch die
kleinen Zähne am oberen Rand der Tea-Tas-
ting-Tasse in eine bereitgestellte „Trink-Tasse"

abgeseiht. Nun wird die Tasting-Tasse auf
den Kopf gedreht, sodass der feuchte Teesatz
auf dem Tassendeckel liegt und von dem Tea
Taster begutachtet werden kann. Der Tee selbst
wird mit einem breiten Löffel laut geschlürft
und mit Gaumen und Zunge gekostet. Wie bei
Weinverkostungen steht ein Behälter bereit, in
den der Tee ausgespuckt werden kann. Sonst
könnte man unmöglich hunderte Tees an einem
Tag verkosten.

2,86 G IST DAS GEWICHT
DER ALTEN, BRITISCHEN
SIXPENCE-MÜNZE.

AUF DEN GESCHMACK

Das große Schlürftraining

DIE BEDINGUNGEN EINES TEA TASTINGS LASSEN SICH MIT EIN PAAR FREUNDEN AUCH ZU HAUSE GANZ GUT SIMULIEREN. JEDER BRINGT EIN PAAR TEES MIT UND IHR LERNT IM LAUFE EINES NACHMITTAGS EURE LIEBLINGSTEES KENNEN.

Ihr braucht

Papier und Stifte

mindestens 10 Teesorten (Einzeltees oder Mischungen)

kleine Schälchen

1 großer Wasserkocher

mehrere Teekannen

1 Braten- oder Wasserthermometer

2 – 3 Teesiebe

so viele kleine Tassen und Gläser wie möglich

1 Esslöffel je Tea Taster

Los geht's

1. Für jeden Tea Taster ein Bewertungsblatt mit den Kriterien Geschmack, Farbe, Duft, Gesamtnote gestalten und ausdrucken.

2. Die mitgebrachten Teesorten in je ein Schälchen füllen und auf einem Tisch bereitstellen. Kleine Zettel mit den Teesorten beschriften und zu den Schälchen legen, damit sie nicht verwechselt werden können.

3. Mit 5 ausgewählten Tees starten: Je 6 g Tee in eine Kanne füllen. Ersatzweise 1 Esslöffel abmessen – je exakter, desto besser. Die Tees mit jeweils ½ l Wasser aufbrühen und die empfohlene Wassertemperatur und Ziehzeit unbedingt genau einhalten! Zur Bestimmung der Wassertemperatur bei Oolong, grünem oder weißem Tee am besten ein Thermometer verwenden.

4. Jeden Tee durch ein Teesieb in eine zweite Kanne umfüllen. Den Teesatz zur Beurteilung in ein Schälchen geben und mit den Kannen zu dem jeweiligen beschrifteten Schälchen stellen.

5. Jetzt schenkt sich jeder von jedem Tee etwas in eine Tasse oder ein Glas und nimmt sich mit einem Esslöffel etwas Tee aus der Tasse. Mit viel Luft über den Löffel in den Mund schlürfen, das erhöht die Geschmacksempfindlichkeit. So machen es jedenfalls die Profis.

6. Zum Abschluss beschreibt jeder Tea Taster jeden Tee auf dem Bewertungsblatt und gibt ihm eine Note – natürlich geheim. Anschließend wird über die Geschmacksnoten, Beobachtungen und Ergebnisse diskutiert und die Durchschnittsnoten werden ausgerechnet. Der Tee mit der besten Note hat das Tasting gewonnen. Wahnsinn, wie unterschiedlich Geschmäcker sein können!

GEDECKTER TISCH
Bleib gern, es ist so schön!

WENN GLEICH DEINE FREUNDE KOMMEN, DANN IST DER TISCH SCHON GEDECKT.
DENN OFT SIND ES DIE LIEBEVOLLEN DETAILS ODER KLEINE VERRÜCKTE IDEEN,
DIE DIESES WOHLIGE GEFÜHL DES MITEINANDERS AUSMACHEN.

FEUER UND FLAMME

Die Teetassenkerze

DIE LETZTE TASSE AUS OMAS HÜBSCHEM TEESERVICE WEGWERFEN? WOHIN MIT DEN GANZEN KERZENRESTEN? HIER EINE IDEE, WIE MAN AUS BEIDEM EINEN NEUEN HINGUCKER FÜR DIE NÄCHSTE TEEPARTY MACHT.

Für 4 Kerzen

4 alte verzierte Porzellantassen (verschnörkelte Gläser, verbeulte Emaillebecher, alte Konservendosen vom Flohmarkt gehen auch)

1,2 kg Kerzenreste (neue Stumpenkerzen oder rohes Kerzenwachs aus dem Bastelladen sind auch fein)

1 kleiner alter Topf

1 mittelgroßer Topf

Dochtband (z. B. aus dem Bastelladen)

lange Holzspieße (z. B. Schaschlikspieße)

duftende Teezutaten wie Rosenblüten, Sternanis, Kardamom und Nelken (nach Belieben)

Los geht's

1. Die Tassen, besonders innen, gründlich reinigen und trocknen.

2. Das Wachs wie Schokolade in einem Wasserbad schmelzen. Dafür den kleinen alten Topf mit den Kerzenresten füllen und in den größeren Topf stellen. Bestenfalls liegen für das Wasserbad die Henkel auf dem Topfrand auf. Den größeren Topf vorsichtig mit Wasser füllen. Nicht zu voll! Und es darf kein Wasser in das Wachs gelangen. Das Wasser auf 60 bis maximal 90 °C erhitzen und warten, bis das Wachs vollständig geschmolzen ist. Das Wasser darf nicht kochen!

3. Für jede Tasse einen Docht, der etwa 1 ½ mal so hoch wie das Kerzengefäß ist, zurechtschneiden. Ein Dochtende 1–2 cm tief in das flüssige Wachs tunken und schnell mittig am Boden der Tasse festkleben und trocknen lassen. Das andere Ende um einen Holzspieß binden, der quer über die Tasse gelegt wird. So bleibt der Docht beim Einfüllen des Wachses gerade und in der Mitte der Kerze.

4. Die Tassen auf Alufolie stellen und das flüssige Wachs vorsichtig bis knapp 1 cm unter den Rand hineinfüllen. Nach Belieben dabei Blüten oder Gewürze einstreuen – zwei Hände reichen hier nicht, lass Dir helfen. Das Wachs ca. 1 Stunde auskühlen lassen. Den Docht auf 1 cm Länge abschneiden. Wölbungen auf der Wachsoberfläche können nach dem Abkühlen mit einer dünnen Wachsschicht ausgeglichen werden.

AUCH SCHÖN | DUFTIG! Wenn Du es liebst, von leichten Aromen umsäuselt zu werden, kannst Du dem geschmolzenen Wachs ein paar Tropfen Rosenöl oder andere ätherische Öle hinzufügen.

HOCHSTAPLER

Die verrückte Etagere

LASS DEIN ALTES GESCHIRR NICHT IM SCHRANK VERSTAUBEN! BESSER: BAUE DARAUS EINEN SERVIERTURM. DAMIT SETZT DU HERZHAFTE UND SÜSSE LECKEREIEN, DIE DU ZUM TEE SERVIEREN MÖCHTEST, GEKONNT IN SZENE.

Für 1 Etagere

2 – 3 Tassen in unterschiedlichen Größen

3 Teller mit unterschiedlichen Durchmessern, z. B. Untertasse, Frühstücksteller, großer Teller

eventuell eine Heißklebepistole

Los geht's

1. Die größte Tasse auf den Kopf in die Mitte des großen Tellers stellen. Die restlichen Teller und Tassen nach dem gleichen Prinzip darauf stapeln, sodass durch die unterschiedlichen Größen des Geschirrs eine pyramidenartige Etagere entsteht. Auf dem obersten, kleinsten Teller kann nach Belieben noch eine kleine Tasse als Schale platziert werden.

2. Auch wenn Scherben Glück bringen, sollte der Turm nicht zu wacklig sein. Damit das nicht passiert, nicht zu hoch stapeln und ausprobieren, welche Geschirrteile am besten zusammenpassen. Oder die Tassen und Teller mit einer Heißklebepistole einfach zusammenkleben.

3. Leckereien auf den Etagen platzieren. Unten die herzhaften Speisen und oben die süßen kleinen Pralinen.

AUCH SCHÖN | SÜSSER BLÜTENTURM Schmücke Deine Etagere als besonderes Highlight mit selbst kandierten Blüten. Dafür einfach essbare Blüten wie Jasmin, Kornblumen, Lavendel, Lindenblüten, Ringelblumen und Rosen mit Eiweiß bepinseln und anschließend mit Zucker bestäuben. Die Blüten im Backofen bei 40 – 50 °C 1 – 2 Stunden trocknen lassen. Ganz süß – in jeder Hinsicht.

STÖVCHEN

selbst gemacht

AUF EINEM STÖVCHEN BLEIBT DER TEE, DEN DU DEINEN FREUNDEN SERVIEREN MÖCHTEST, HEISS. HAST DU KEINES, MACHST DU DIR EINES. SAMMLE EIN PAAR ALTE WEINKORKEN UND SCHON KANN ES LOSGEHEN.

Für 1 Stövchen

- Deine Lieblingsteekanne
- 1 kreisrunder Korkuntersetzer (mindestens 10 cm ∅)
- 1 Bleistift
- 10 – 15 gleich große Korken (je nach Größe der Kanne)
- Heißklebepistole oder transparentes Silikon
- 1 Schleifenband, grobe Schnur oder Kordel (ca. 40 cm; nach Belieben)
- 1 Teelichtglas in der gleichen Höhe der Korken
- 1 Teelicht

Los geht's

1. Die Teekanne mittig auf den Korkuntersetzer stellen und den Kannenboden mit einem Bleistift einmal umzeichnen.

2. Die Korken mit je einem Klecks Heißkleber oder Silikon senkrecht auf den gezeichneten Kreis auf den Korkuntersetzer kleben. Dabei kleine Abstände zwischen den Korken lassen. Den Kleber in ca. 15 Minuten vollständig trocknen lassen.

3. Nach Belieben ein hübsches Band, eine Schnur oder eine Kordel mittig um die Korken fädeln und mit einer Schleife zubinden.

4. Das Teelichtglas in die Mitte des Korkuntersetzers stellen. Das Teelicht anzünden, hineinstellen und die Teekanne mit dem heißen Tee auf das Stövchen stellen. So bleibt Dein Tee schön warm.

TEEGESCHENKE

So geht das mit der Freude

SELBSTGEMACHTEM SIEHT MAN AN, DASS ES VON HERZEN KOMMT.
EINE SCHÖNE TEEDOSE VERZIEREN, DEINEN LIEBLINGSTEE IN
SELBST GENÄHTE TEEBEUTEL VERPACKEN ODER EINEN TEE-ADVENTS-
KALENDER BASTELN – SCHENKEN IST (K)EINE KUNST.

TASSENSCHMUCK

Teefilter einfach verzieren

TEEFILTER AUS PAPIER SIND PRAKTISCH, HÄNGEN ABER SCHLABBRIG IN DER TASSE. SCHÖN IST ANDERS. MIT KARTON UND ZAHNSTOCHERN WIRD AUS EINEM PAPIERFILTER EIN GROSSES TEE-HAPPENING.

Für 10 Teefilter

10 weiße oder bunte Kartonstreifen (à 6,5 x 12 cm; ca. 200 g/qm)

Locher

10 Teefilter, extra Slim

Stifte, Stempel usw. zum Verzieren

30 – 50 g loser Tee (z. B. Dein Lieblingstee)

10 Zahnstocher

Los geht's

1. Bei jedem Kartonstreifen 3 cm als Klappe nach hinten falten, sodass man eine lange und kurze Lasche hat. Etwa ½ cm von der Faltkante entfernt mit dem Locher ein Loch stanzen.

2. Die lange Lasche beschriften und verzieren, z. B. mit den Zutaten der Teemischung, mit dem Namen des Gastes oder des Tees.

3. In jeden Teefilter 3 – 5 g Tee (ca. 1 ½ TL) füllen.

4. Den Kartonstreifen wieder aufklappen und mit der Beschriftung nach oben so auf den gefüllten Teefilter legen, dass die Außenkante der kurzen Lasche des Kartons und die offene Seite des Teebeutels übereinanderliegen. Dann die Lasche samt des Teefilters wieder nach hinten falten, damit der Teefilter vom Kartonstreifen eingeklemmt wird.

5. Je einen Zahnstocher durch das Loch in den Laschen und dem Teefilter stecken. Fest! So kann der Filter in die Tasse gehängt werden und die lange verzierte Lasche schmückt dabei die Tasse.

MIT SACK UND PACK

Teebeutel selbst gemacht

MACHST DU TEEBEUTEL SELBST, WEISST DU ERSTENS WAS DRIN STECKT UND
ZWEITENS WERDEN SIE DEINE GÄSTE GANZ SCHRECKLICH SCHÖN FINDEN.
SO WIRD HEUTE TEE GETRUNKEN …

Für 10 Teebeutel

1 Kartonquadrat (ca. 8 x 8 cm)

Schere

10 sehr große Teefilter
(ca. 10 cm breit)

bunter, dickerer Faden mit
passender Nähnadel

1 Blatt Papier

10 (farbige) Kartonquadrate
(à ca. 4 x 4 cm)

1 m dickes, weißes Baumwollgarn mit passender Nähnadel

30 g losen Tee (am besten eine
eigene Mischung)

Los geht's

1. Aus dem großen Kartonquadrat ein Wunschmotiv für die Teebeutel-
form ausschneiden, z. B. Wolke, Herz, Schnurrbart, Blume, Kreis …
was gerade so angesagt ist. Die Schablone sollte mindestens so
groß sein, dass im Innenraum des fertigen Teebeutels Platz für
1 gehäuften TL Tee ist.

2. Die Schablone auf einen Teefilter legen und mit Nadel und Faden
im Steppstich die Konturen der Schablonen auf den Teebeutel
nähen – die Schablone dabei aber nicht festnähen! Am Ende eine
1–2 cm große Öffnung aussparen. Sind die Teezutaten sehr grob,
muss die Öffnung größer sein, damit sie hindurchpassen.

3. Aus dem Blatt Papier einen Trichter formen und in die noch nicht
zugenähte Öffnung stecken. Den Tee durch den Trichter in den
Teebeutel füllen und die Öffnung zunähen. Den Faden vernähen
und abschneiden. Die Nähte sollten gut geschlossen sein, damit
kein Tee rausfallen kann. Zum Schluss die Filterränder mit etwas
Abstand zur Naht abschneiden.

4. Aus den kleinen Kartonquadraten Teeanhänger in beliebiger Form
zurechtschneiden. Das dicke Baumwollgarn in 10 cm lange Stücke
schneiden. Jeweils ein Garnstück mit der Nadel durch einen Anhänger stechen und verknoten. Dann das andere Ende durch den
Beutel stechen und festbinden.

SCHICKE TEETÜTEN
Ein Zuhause für den Geschmack

SCHÖN BEKLEBT WERDEN AUS EINFACHEN PAPIERTÜTEN HÜBSCHE
VERPACKUNGEN. SO BEHÄLTST DU DEN DURCHBLICK IM TEEREGAL UND
HAST IMMER EIN WUNDERBARES GESCHENK GRIFFBEREIT.

Für 1 Verpackung

1 kleine Papiertüte mit Standboden (ca. 14 x 18 cm)

farbiges, breites Tape oder
Klebefolie

Schere

1 Streifen farbiges Papier
(ca. 8 x 2 cm)

Stifte, Stempel usw. zum Verzieren

100 g losen Tee (am besten eine
eigene Mischung)

1 breite Foldback-Klammer

Los geht's

1. Die Papiertüte auf beiden Seiten mit dem Tape oder der Klebefolie bekleben und verzieren. Dafür z. B. aus der Klebefolie Motive
wie große Kreise, Rauten, Herzen usw. ausschneiden. Die Motive
sollten etwas kleiner sein, als die Tüte breit ist.

2. Aus dem Papierstreifen an einem schmalen Ende ein Dreieck
herausschneiden, sodass ein Fähnchen entsteht. Das Fähnchen
mit dem Name der Teemischung beschriften und ganz nach
Belieben verzieren.

3. Den Tee in die Papiertüte füllen. Zum Verschließen die Öffnung
zweimal umfalten, das beschriftete Fähnchen auf den Umschlag
legen und alles mit einer Foldback-Klammer befestigen.

herr huber
ist wach...

5 CUPS-TIPP

INGO: Verziere die Teetüten für jede Teesorte anders. Im Nu hast Du eine echte eigene Verpackungs-Edition. Und wem das zu anstrengend ist, der sucht sich Tee und Verpackung mit eigenem Anhänger auf 5CUPS.de aus.

ORIGINELLE DOSEN
mit Tafellack und Kreide

OHNE VIEL SCHISCHI UND POMP MACHST DU AUS ALTEN DOSEN STYLISCHE SPENDER FÜR DIE TÄGLICHE PORTION TASSENGLÜCK. MAL GLEICH LOS ZUM FLOHMARKT UND NACH SCHÖNEN FORMEN SUCHEN!

Für mehrere Dosen

gut schließende Blechdosen, innen ohne Rost- und Schmutzstellen

Kreppband

Tafellack

1 Pinsel

Tafelkreidemarker oder Kreide

Tee zum Abfüllen

Los geht's

1. Die Dosen kräftig ausspülen, abtrocknen und austrocknen lassen.

2. Soll ein Teil des alten Dekors der Dose erhalten bleiben, die Dose nur zum Teil mit Kreppband abkleben und z.B. in der Mitte rundum einen ca. 8 cm breiten Streifen freilassen. Das Band gut andrücken, damit die Kanten sauber werden.

3. Den Tafellack mit einem Pinsel gleichmäßig auf die nicht abgeklebten Teile der Dose auftragen. Oder die ganze Dose anmalen. Soll der Dosendeckel auch lackiert werden, dann darauf achten, dass kein Lack nach innen kommt. Das mag Tee gar nicht. Die Dosen so lange trocknen lassen, wie auf der Lackieranweisung angegeben ist.

4. Wenn der Lack vollständig ausgehärtet ist, das Kreppband vorsichtig entfernen. Die Dosen mit dem Tee befüllen, mit einem Kreidemarker oder Kreide den Namen des Tees daraufschreiben.

AUCH SCHÖN | TEE-SET IM GLEICHEN STIL Aus einfachem weißem Geschirr wird mit Tafellack und Kreide schnell ein originelles Tee-Set. Bepinsle zum Beispiel auch eine Teekanne, -tasse oder ein Zuckerdöschen mit Tafellack. Leider ist der Lack nicht spülmaschinenfest.

TEESÄCKCHEN

Das schnelle, hübsche Geschenk

NICHT FÜR JEDEN ANLASS IST MAN MIT EINEM GESCHENK GERÜSTET. ABER SELBST GEMACHTE TEEMISCHUNGEN MACHEN IMMER EINDRUCK. JETZT NUR NOCH SCHNELL HÜBSCH VERPACKEN!

Für 1 Tee-Geschenk

50 g loser Tee (am besten eine eigene Mischung)

1 transparente Zellophan- oder Kunststofftüte (gut sind welche aus PE)

transparentes Klebeband oder farbiges Tape

1 Musselintuch (z. B. aus der Drogerie)

Schere

1 Band aus Seide, Spitze, Satin oder rot-weißes Baumwollgarn (ca. 25 cm)

1 Bogen Tonpapier

Stifte zum Beschriften

Klebestift

Los geht's

1. Den Tee in die Zellophantüte abfüllen, die Öffnung zweimal umschlagen und mit Klebeband oder Tape verschließen.

2. Aus dem Musselin ein 30 x 30 cm großes Quadrat ausschneiden und den verpackten Tee in die Mitte legen. Die Ecken des Tuches nach oben nehmen und mit dem Band oder Garn zusammenbinden. Dabei mehrmals um das Tuch herumwickeln und schließlich verknoten. Darauf achten, dass ein Ende des Bands oder Garns ca. 8 cm lang ist, damit noch ein Anhänger daran Platz hat.

3. Aus dem Tonpapier jeweils zwei identische Anhänger in einer beliebigen Form ausschneiden. Einen Anhänger mit Grüßen oder Wünschen beschriften. Dann die Rückseiten beider Anhänger mit Klebestift bestreichen. Die lange Seite des Bands oder Garns auf die Klebefläche legen und die Anhänger Rücken an Rücken mit dem Band dazwischen zusammenkleben.

AUCH SCHÖN | GESCHENKE-SERIE Auf diese einfache Art kannst Du alle möglichen Geschenke verpacken. Von der Teetassenkerze (siehe Seite 122) über selbst gemachte Süßmittel (siehe Seite 90/91) bis hin zu neuen Tassen. Durch verschiedene schöne Bänder wird jedes Geschenk besonders individuell.

TEE-ADVENTSKALENDER
24 ist eine ganz schöne Zahl

ÜBER DIESEN ADVENTSKALENDER FREUEN SICH NICHT NUR TEETRINKER:
24 PAPIERTÜTEN WERDEN MIT TEEGESCHENKEN BEFÜLLT UND LIEBEVOLL VERZIERT.
WANN IST ENDLICH WEIHNACHTEN?

Für 1 Kalender

verschiedene Mini-Tortenspitzen
(ca. 11 cm ⌀)

12 braune und 12 weiße Kraft-
papiertüten mit Standboden
(ca. 8 x 20 cm)

Sprühlack oder Acrylfarbe
(z. B. gold, silber)

kleine Schwämme

1 dicker schwarzer Filzstift oder
Zahlenstempel

Locher

24 rot-weiße Baumwollkordeln
(à ca. 30 cm)

1 alte Holzkiste (z. B. Weinkiste,
Holztruhe; ein Korb geht auch)

24 Teegeschenke z. B. selbst
gemachte Teemischungen in
Zellophantütchen à 20 g oder
Teebeutel (siehe Seite 128/129),
Some Sugar (siehe Seite 90/91),
Tassenkerze (siehe Seite 122),
Pralinen, Kekse usw.

Los geht's

1. Eine Tortenspitze auf eine Tüte legen – bei jeder Tüte am besten
    eine etwas andere Stelle aussuchen. Mit dem Sprühlack darüber-
    sprühen oder Farbe auf einen Schwamm auftragen und damit
    über die Tortenspitze tupfen. Die Tortenspitze wieder vorsichtig von
    der Tüte nehmen und das entstandene Muster trocknen lassen.
    Alle Tüten so verzieren.

2. In die ausgelassenen Kreise der aufgedruckten Tortenspitzen-
    muster auf den Tüten jeweils eine Zahl von 1 bis 24 schreiben
    oder stempeln.

3. Die Teegeschenke in die Tüten füllen und die Öffnung zum Ver-
    schließen 3 cm umfalten. Durch den Umschlag mit dem Locher
    links und rechts hindurchlochen. Die Kordel durch die Löcher
    fädeln und mit einer Schleife verschließen.

4. Die Kiste nach Belieben ebenfalls mit Tortenspitzen dekorieren
    oder bekleben und die gefüllten Tüten in wilder Reihenfolge in
    der Kiste platzieren.

AUCH SCHÖN | AUFGEHÄNGT Wenn Du keine Kiste hast, dann kannst Du die
Verschlusskordeln auch länger lassen und die Tüten in unterschiedlichen
Längen aufhängen. An ein Fenster, einen Bügel, ein Hakenbrett, das Bett-
gestell oder an die Tür.

WIR SAGEN DANKE.

DAS IST UNSER ZUCKER!

Dieses Buch ist nicht vom Himmel gefallen, aber wir hatten so viel Spaß dabei, dass wir fast gar nicht gemerkt haben, wie viel Arbeit es macht, all die Ideen auszuprobieren und aufzuschreiben. Für diese schöne Zeit möchten wir uns bei allen bedanken, die daran mitgewirkt haben. Coco und Susi, unsere Frauen, ihr habt eine engelsgleiche Geduld bewiesen und uns nicht dorthin gejagt, wo der Tee wächst. Dürfen wir euch die Füße massieren? Liebe Freunde und Familie: Axel, Carla, Eva, Fatma, Gigi, Gila, Julia, Katha, Mantu, Mara, Philip, danke für eure Kritik, eure Ideen und schön, dass wir jetzt wieder mehr Zeit mit euch verbringen können. Den äußerst fröhlichen 5 CUPS-Mitarbeitern Dominic, Franzi, Anton, Sophie, Torsten, Karmen, Cathi danken wir dafür, dass sie auch ohne uns für Spaß in den Tassen unserer lieben Kunden gesorgt haben. Dem Team des Kosmos-Verlags gilt ganz besonderer Dank für den Mut, sich auf das kreative Abenteuer mit uns eingelassen zu haben – es hat sich sehr gelohnt, glauben wir! Ein Danke mit Umarmung geht an Babet Mader, Inés Lauber und Stjepan Sedlar. Ihr habt uns beim Entwickeln der Rezepte und Schreiben der Texte so tatkräftig unterstützt, dass wir uns gar nicht trauen, die Frage zu stellen, was wir ohne euch gemacht hätten. Wir danken posthum dem Kaiser von China, der das Teeblatt entdeckt und populär gemacht hat. Wir hören jetzt auf – wir werden emotional.

Patrick Ulmer und Moritz Weeger

BEZUGSQUELLEN

Fast alle Zutaten und sehr schöne Verpackungen bekommst Du aus unserer 5 CUPS and some sugar-Teemanufaktur. In unserem Webshop **www.5CUPS.de** kannst Du Dir beliebige Teemischungen selbst zusammenstellen und nach Hause liefern lassen. Du findest dort Teezubehör und viele unserer Ideen mit und für Tee.

Die beste Adresse für Cocktails und Longdrinks ist die G&T Bar in Berlin, die sich nicht nur exzellent auf alkoholische Drinks mit Tee versteht, sondern auch eine Institution für verschiedenste Gins ist. **Gin & Tonic Bar, Friedrichstraße 113, 10117 Berlin, www.amanogroup.de/eat-drink/gin-tonic-bar**

Zubehör zum Basteln, Verpacken und Dekorieren findet ihr auf Dawanda.de, in Bastelläden und auf Flohmärkten.

Wenn Du Anregungen oder Fragen hast, dann schreib uns gern: **teebuch@5cups.de**

Wir würden uns sehr freuen, wenn Du uns auch auf Facebook besuchst: **www.facebook.com/5CUPS**

DU BIST DER BOSS!

SOME SUGAR

5 cups
and some
sugar

MEIN
LIEBLINGS
TEE ONLINE
VERQUICKT,
NACH HAUSE
GESCHICKT.

WWW.5CUPS.DE
FACEBOOK.COM/5CUPS

3320 TROM
SIND IN E
TASSE TEE

GIB DEINEM TEE
EINEN NAMEN!

5 cups
and some
sugar

OMA RAKETE
MARGARETE

5CUPS.DE

5 cups
and some
sugar

SO GEHT LIEBLINGSTEE: DU STELLST DEINE EIGENE TEEMISCHUNG AUS ÜBER 50 ZUTATEN ZUSAMMEN, SUCHST DIR EINE VERPACKUNG AUS UND GIBST DEM TEE EINEN NAMEN. DAMIT BEDRUCKT KOMMT DEIN PAKET IN WINDESEILE ZU DIR. ODER ZU DEINEN LIEBSTEN. PROBIER MAL!

 reddot design award winner 2013

 3–5 TAGE LIEFERUNG

 LALA!

 AUCH BIO

WWW.5CUPS.DE
FACEBOOK.COM/5CUPS

THEMENREGISTER

SÜSSE IDEEN ZUM TEE

Dagmar Reichel
Kaffeeklatsch
144 Seiten, 138 Abbildungen, €/D 14,95

Das Buch lädt dazu ein, den Kaffeeklatsch so richtig gekonnt zu zelebrieren. Liebevolle Ideen für schön gestaltete Einladungen, stilvolle Tischdekorationen und ein stimmungsvolles Ambiente. Geliebte Kuchenklassiker und moderne Trends wie Cake-Pops und Whoopies werden Ihre Gäste begeistern.

Rafael Pranschke
Schokolade
144 Seiten, 85 Abbildungen, €/D 14,99

Schokolade: süß, herb, zartschmelzend – so schmeckt ein Stück vom Glück. Einfache Rezepte und jede Menge Know-how rund um Schokolade, Kuvertüre und Kakao lassen diese Schoko-Schätzchen perfekt gelingen: von Amaretto-Trüffeln und Pflaumen im Schokomantel über Pistazien-Brownies bis hin zu Chili-Schoko-Cupcakes. Mit diesen kulinarischen Herzensbrechern können Sie sich und anderen eine ganz besondere Freude machen.

Nadja Bruhn
Kekskunst zum Selbermachen
144 Seiten, 100 Abbildungen, €/D 14,99

Willkommen in Nadja Bruhns Keksmanufaktur „Henk und Henri" in Hamburg! Deutschlands erste Keksdesignerin macht auch aus Ihnen einen Kekskünstler: mit gelingsicheren Grundrezepten für Teige und Glasuren sowie Schritt-für-Schritt-Anleitungen für die verschiedensten Dekorations-techniken. Die trendigen Kekse zu vielen Themen und Anlässen schmecken köstlich und sind einfach zum Verlieben.

AKTEURE

Patrick Ulmer und **Moritz Weeger** sind zwei von fünf Gründern der Berliner Teemanufaktur 5 CUPS and some sugar. Dort werden täglich individuelle Teemischung produziert und versendet, die sich jeder selbst auf www.5CUPS.de zusammenstellen kann. Bei 5 CUPS werden viele neue Ideen in die Tat umgesetzt, um das Teetrinken neu zu entdecken, damit es populärer und einfacher wird. Es lebe der Tee, der Spaß macht!

Co-Autoren dieses Buches sind
Babet Mader www.babetmader-multitasking.de
Inés Lauber www.ineslauber.com
Stjepan Sedlar www.stjepansedlar.de
Eike Pazulla, André Kramp, Ingo Schröder
www.5cups.de

Anne Rogge und **Jan Jankovic** sind Diplom-Foto-designer aus Düsseldorf. Gemeinsam führen sie das Fotostudio Rogge & Jankovic Fotografen mit den Schwerpunkten Food, Stills und Places. Für ihr Kochbuch „Herbst Winter Gemüse", im KOSMOS Verlag erschienen, wurde Anne Rogge 2008 in der Kategorie Fotografie mit dem Gourmand Cook-book Award ausgezeichnet. Als sie von der Idee gehört haben, mit 5 CUPS ein ganz anderes, innovatives Teebuch zu machen, waren sie von der ersten Minute an begeistert. Es folgten Treffen mit den Jungs in Düsseldorf und Berlin. Tee wurde wie wild gekocht, zu den leckersten Drinks zubereitet und mit vielen kreativen Ideen in Szene gesetzt. Kleine Teeorgien, denen man den Einsatz und Spaß ansehen kann, denn das Ergebnis ist großartig.

IMPRESSUM

Umschlaggestaltung von Gramisci Editorialdesign, München, unter Verwendung zweier Fotos von Rogge & Jankovic Fotografen

Mit 71 Farbfotos von Rogge & Jankovic Fotografen

Rezepte, Geling-Tipps, Infos zum KOSMOS-Kochbuch-Programm und vieles mehr unter
kosmos.de/kochen

Unser gesamtes Programm finden Sie unter **kosmos.de**. Über Neuigkeiten informieren Sie regelmäßig unsere Newsletter, einfach anmelden unter **kosmos.de/newsletter**

Gedruckt auf chlorfrei gebleichtem Papier

© 2014, Franckh-Kosmos Verlags-GmbH & Co. KG, Stuttgart
Alle Rechte vorbehalten
ISBN 978-3-440-13972-1
Projektleitung:
Stephanie Schönemann
Lektorat:
Stephanie Schönemann
Gestaltungskonzept und Layout:
Gramisci Editorialdesign, München
Satz: Atelier Krohmer, Dettingen/Erms
Produktion: Eva Schmidt
Printed in Germany / Imprimé en Allemagne

MIX
Papier aus verantwortungsvollen Quellen
FSC® C004592